JN334839

わが家の闘争

韓国人ミリャンの嫁入り

趙美良《ちょう・みりゃん》

ミシマ社

プロローグ

「タオル、頂戴～」

「シャワー終わったの？　はい」

「え？　バスタオルじゃなくて小さいタオル！」

「どれ？」

「こいつ、私がシャワー浴びたらどんなもので体を拭《ふ》いてるか知ってるでしょ？」

「ああ、あの顔拭きタオルみたいなやつね」

「ぱぼ（바보：バカ）！　私がタオルって言ったらこれでしょう」

「でも、日本ではシャワー浴びたらバスタオルを使うんだもん」

「ホテルじゃあるまいし。韓国ではこの小さいタオル、つまり顔拭きタオルを使うのよ」

「それあんたの家だけじゃないの？」

「違うよ。韓国でタオルと言ったらこれだから、覚えとくんだ!!」

申し遅れました、私、趙《ちょう》美《み》良《りゃん》と言います。はじめまして。
会社では趙《ちょう》と呼ばれていますが、どうぞ気軽にミリャンと呼んでください。

いきなり、夫との「闘争」シーンをお見せしましたが、最初からこうだったわけではありません。もちろんラブラブだったときも。……というか今でもラブラブなんですけどね。

そんな夫とのなれそめも含め、まずは自己紹介をさせてください。

はじめての日本

私は韓国のソウル生まれです。大学卒業までは韓国で生活をし、その後、カナダで英語を、日本で日本語をそれぞれ勉強しました。日本で日本語をはじめて勉強したのは、もう七年も前のことで、そのときは一年にすら満たない、たった九カ月間だけの滞在でした。その経験が私の運命を変えるなんて、今思うとすごく不思議です。


日本に来た理由は、本当に単純なものでした。仕事に疲れ、

「韓国と一番近い外国である日本に行って、ちょっとだけ休もう」

そう思ったことがきっかけになったのです。日本行きを決心して、東京に滞在することを決めてからあることに気づきました。


知り合いが誰もいない東京では、とくに何もやることがない……。


「だったら日本語を学ぼう」

ほんの軽い気持ちで始めた日本語の勉強でしたが、韓国語と似ている文法のおかげか、三カ月で実力がぐんぐん伸びました。

その頃になると、普通に日本人と簡単な会話ができるようになったのです。周囲の人たちが、驚くほど上達したと言ってくれたのもあって、私はもうちょっと勉強すれば、たぶんもっと伸びると思いました。それで、日本に滞在する期間をどんどんどんどん延ばしました。その中で出会ったのが、日本人の友だち、S君とK君でした。

彼らは社会人で、中学のときに同じ塾に通っていた仲間。彼らと知り合い、仲良くなって遊ぶようになりました。それは韓国に帰っても続いて、彼らは私に日本語を教えてくれました。日本語を忘れたくない私は彼らと電話したりして、ずっとよい友だちづきあいを続けていたのです。

「日本に来たら一緒にフットサルしに行こう」

ある日、日本に行くことにした私がS君とK君に電話を入れたところ、彼らはこんな提案をしてくれました。

ちょうどそのとき、二人はフットサルに夢中だったので、電話でもよくフットサルのことを話題にしていました。

「フットサルってなに？」

気になった私は行ってみることにしました。

二〇〇七年九月。私は久々に日本を訪れ、異国の地でフットサル場のピッチに立っていました。けっこう汗を流した私とS君、K君は、そのフットサルに参加していた彼らの友だちとともに、新宿の居酒屋に入りました。その場にいた人たちの中に、未来の夫がいたのです。

運命の出会い!?

かといえば、最初はまったく眼中《がんちゅう》にありませんでした。

年下だったし、その場にはもっと色白で背が高い男性がいたので、その人のほうが気になっていたのです。

食事が終わり、宿に帰る途中、未来の夫は「一〇月に社員旅行で韓国に行くんですけど、行ったら連絡してもいいですか?」と聞いてきました。もしかして私に興味があるのかなと思ったのですが、実際にそのときが来て韓国で会ったとき、彼は会社の同僚と一緒でした。つまり、現地人である私に通訳を頼んだだけのこと。

そしてこれが実に不思議なことに、私はこの瞬間はじめて彼に惚《ほ》れたのです。

「なんでこんなにかわいい子がいるんだろう」

私はすっかり虜《とりこ》になってしまいました。とにかく不思議。以前会ったときには目にも入ってなかった子だったのに。


こんなにかわいかったのか。


そう思ってしまったのです。

次の年、私は翻訳を本格的に勉強するため、再び日本を訪れました。

そして、好きだからつきあいたいと言ったとき、彼はＹｅｓと言ってくれました。


四年前のことを書きながら思い出すと、当時は、ほんとうにお互いに配慮《はいりょ》をしていたと思います。その当時は、二人が今みたいに毎日喧嘩《けんか》するなんて想像することすらできなかったですから。

そして結婚

「結婚して。結婚しないと帰っちゃうよ」

つきあって三カ月後（！）、三十路《みそじ》も間近に迫っていた私は、彼をこう脅しました。

翻訳学校は翻訳というより観光ガイド養成所のようなところで、翻訳のコツを学ぶことができませんでした。だから、すぐにでもやめたかった。でも、学校をやめてしまうとビザがなくなってしまう。彼とはつきあったばかりなのに遠距離恋愛になってしまう。それは嫌でした。

だから、ダメ元で早急な結婚をねだったのですが、彼は意外にもＯＫの返事をくれました。これはあとで知ったことですが、結婚する何年か前、横浜中華街で占いをしたときに、二〇〇八年に結婚すると聞いていたらしく、まさにそのときなのか、と感じたそうです。

それから私たちは、好きなサッカーチームであるＦＣ東京をいつでも応援できるように、スタジアムの近くに住めるところを探しました。そして市役所に婚姻届《こんいんとどけ》を出しました。

日本で結婚を認めてもらってから、また韓国にも書類を出して認めてもらわなければなりません。その次はビザを得るために入国管理局に書類を出します。

必要書類の中には、偽装《ぎそう》結婚対策だと思うのですが、「二人でとった写真」「出会った経緯《けいい》」などがあり、年だけではなく日付や場所まで細かく書かされて、さすがに大変でした。

結婚して四年。

長い人生の中で四年は短いかもしれません。でも、私には人生で一番長い時期でした。自分が望んで来たとはいえ、日本という環境に慣れるのには、そうとうの時間が必要でした。

食べたいものがすぐに食べられない、友だちとどうつきあっていけばいいかわからない、韓国では普通だった私を変人扱いする人がいるなど、いっぱい不満がありました。

それをすべて夫にぶつけたのです。

今はやっと落ち着き、それがすべて韓国と日本の文化の差だったということを理解できるようになってきました。

……すべてではないけれど。

とにかく、それをきっかけにこの『わが家の闘争』が誕生したのです。

私の行動を「変」と思う友だちの目にも耐えられず、これは私が変なのではなくて、ただの文化の差なのだということを伝えたい、というのもこの企画をした理由のひとつです。

もっとも近い外国同士であり、世界的に見れば見た目もそっくりな日本人と韓国人。それでも、その胸のうちに秘めている心や、その体に凝縮《ぎょうしゅく》された文化は、思いのほか違います。

わが家における闘争を通して、日本と韓国の文化の差を少しでも紹介できればうれしいです。

やっぱりミリャンが変わってると思う。

『わが家の闘争 韓国人ミリャンの嫁入り』 目次

I 怒濤の新婚一年目

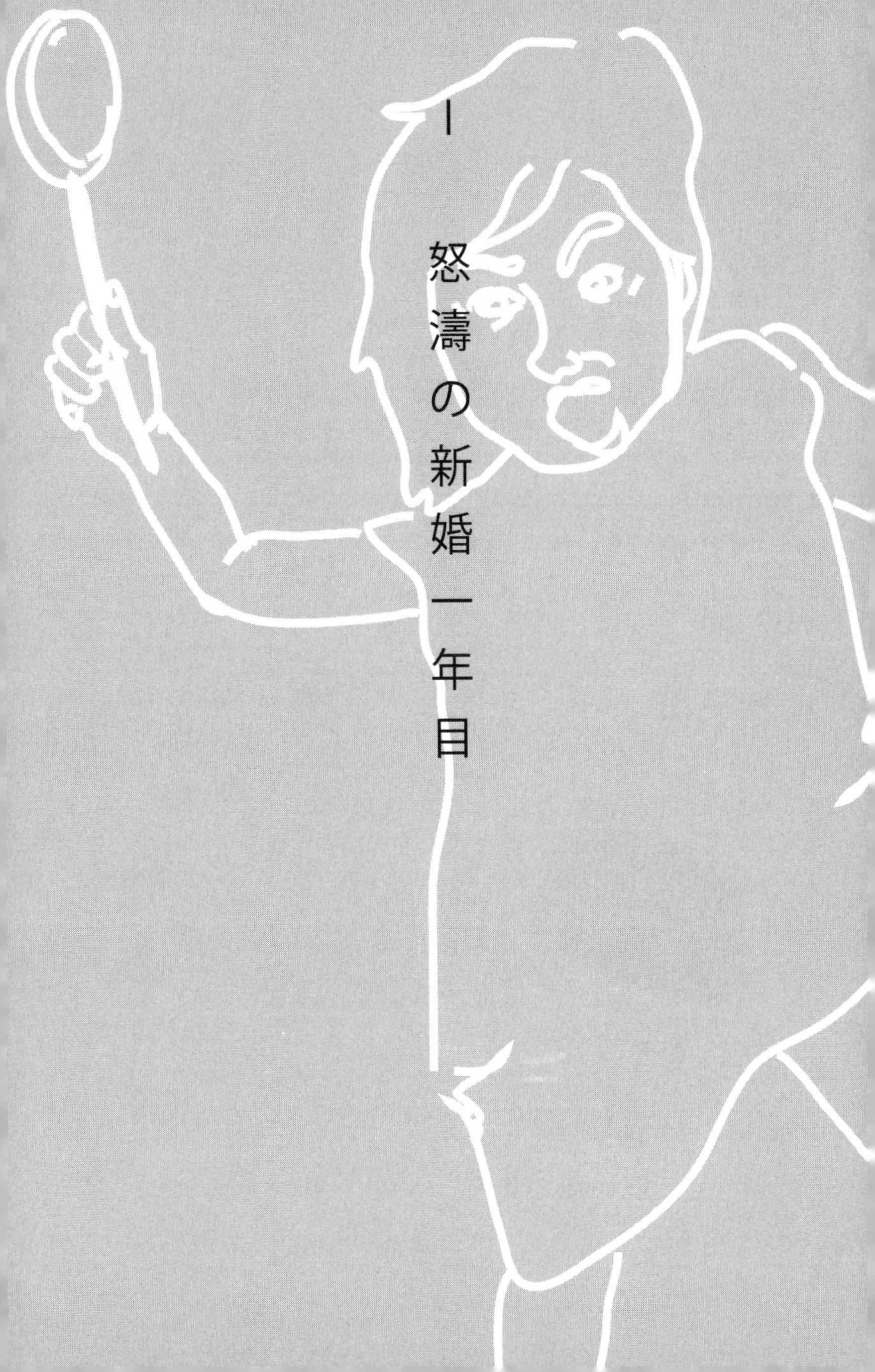

その1

住宅戦争、勃発

夫よりも年上の部屋

「やっぱり、持ち家がほしい」

「は？」

「家がほしいってば」

「いきなりどういうこと？？？」


ここに、戦端《せんたん》の火蓋《ひぶた》が切って落とされたのです。

わが家の住宅戦争の勃発《ぼっぱつ》であります。


九万円。

それは、趣味のサッカー観戦で、贔屓《ひいき》にしているＦＣ東京のホームスタジアム近辺に夫婦二人で住むために必要な金額でした。

調布市の飛田給《とびたきゅう》駅から歩いて五分、２ＤＫで築三〇年。聞いただけではオンボロアパートを想像されるかもしれませんが、リフォームをしたためか、外観からでは三

○歳のお年寄りには見えませんでした。外観だけではなく、内装もきれいに管理されているといった印象でしたが、水周りを見ると錆《さ》びている箇所が散見され、やはり年相応の貫禄《かんろく》（？）が感じられる部屋でした。しかし、私の中で大きく膨《ふく》れあがったある不満にくらべれば、そんなことは些細《ささい》なことでした。

そう、それは家賃です！

どう考えても家賃が高いです。夫よりも年上の部屋なのに、九万円もします。しかし、周辺でこの部屋より安いのはワンルームくらいしかなく、とても狭いものでした。広さがちょうどよいものもありましたが、夫や私どころか、私の母親くらいの年齢……。

家賃のことを考えると自然とため息が出る日々が続きました。

家を買いたいという唐突《とうとつ》な私の言葉に、夫はとてもびっくりしていました。夫が驚くのも当然で、日本ではマイホームを買うことは人生における一世一代の出来事ですよね。子どもができて何年か経ってから買う人も多いと思います。そのため、

私とは感覚にギャップがあるのは十分理解できます。ひとたび家を買ってしまうと、何かあったとき、たとえば転勤や会社の移転などがある際に、会社から近い場所へと自由に引っ越すことができません。それでも、私の中の「家賃がもったいない」という思いはすでに大きく膨れあがっていました。

韓国と日本の住宅事情

「考えてみなよ。家賃は払うだけで戻ってこないお金よ。でも家を買うためにお金を出したら、自分の財産になる」

「え？　でも家の価値なんて徐々に下がるから、買った金額では売れないよ」

夫の言葉に、なんだか大きな違和感を感じました。

家の価値が徐々に下がる？

ここに、韓国と日本の住宅事情の差が露《あらわ》になりました。

韓国では家を投資目的で所有している人も多くいて、不動産は価値があまり下がらないものとして認識されています。

もちろん価値が下がるときもありますが、今は所有し続けていればだいたいの不動産は価値が上がっていきます。

これを聞いて昔の日本、バブルがはじける前の頃を思い出す人がいらっしゃると思いますが、まさにそんな状態です。

しかし、韓国の家の値段が下がらない理由はそれだけではありません。

そこに、韓国と日本の住宅事情の決定的な差があります。

家賃はタダ!?

もっとも異なる点は、ジョンセ（전세）の存在です。

ジョンセとは家を借りるシステムのひとつですが、家賃が発生しません。しかも、日本でいう「敷金《しききん》」が必ず一〇〇パーセントの金額で戻ってきます。これだけ聞くと、家を借りる人にとっては夢のようなシステムだと思うかもしれません。

しかし、この「敷金」は、たいていの場合、なんと家の値段の半額もの金額を用意しなければならないのです。相場の半分以上を要求する家主もいます。

「それはわかったけど、いくら敷金を多くもらったとしても、家賃をもらわないのならば、家主にとって何の得があるの?」と疑問に思う方もいらっしゃると思います。

ですが、この一見あまり意味のないような莫大《ばくだい》な敷金こそが、ジョンセ最大の魅力です。

韓国では家(ちなみに、主流はマンション)を買う際に、たとえ買う金額の半額しか持っていなくても、ジョンセで家を借りてくれる相手さえいれば、そのマンションを買うことができるのです。

家主は敷金を全額返却するというリスクを背負う代わりに、自己資金の倍の金額の家を買うことができます。その家にはジョンセをした相手が住むことになりますが、資産としては自分のものになります。その結果、家の価値が上がったタイミングで家を売ることにより利益が発生します。

借りるほうも後で敷金が全額戻ってくるので、実質タダで住めるという、お互いにとって悪くない話です。

こんな事情があるためか、韓国ではまだまだジョンセが主流であり、私の感覚も賃貸よりもジョンセに近いです。つまり、マンションを買っても売れば身軽になれるじゃないか、という考え方なのです。


「自分の持ち家がないと結局一生家賃を払い続けることになるよね？」

「そうだよ。だから家を買うためにお金を貯めているんじゃないの？」

「だけど、今のままだとなんだか毎月九万円ずつドブに捨てる気がして、もう辛抱たまらん」

「でも、しかたないじゃない？　頭金《あたまきん》もないでしょう？　それに、ローンのこともよくわからない。銀行に行ったりしないといけないんじゃない？　平日にそんな時間ないよ」

食い下がる私と反論する夫。

たしかに何か準備をしていたわけではなかったので、返す言葉がありませんでした。

シミュレーション

そんな、マイホームへの野望が潰《つい》えつつあったある日のことでした。

郵便受けに入っていた一枚の分譲《ぶんじょう》住宅のチラシが、戦場に大きな風を吹き込んだのです。

「あれ、この新しい家、うちの近くなんじゃない？」

「うーん、そうみたいだね」

「明日、土曜日だし行ってみようよ」

「ええ？　今買えるわけがないのに、なんで行くの？　土曜日は家でゆっくりしようよ」

「買えるわけではないけど、私は見たいのっ！」

かなり面倒くさそうな顔をする夫に、すごい剣幕《けんまく》で行くように説得しました。

とにかく一度行ってみようという私の一点張りに、ついに夫は根負《こんま》けしました。

翌日、私たちは分譲住宅売場を訪れました。

試しに一番安い家に入って一人でいろんな夢を見ていると、販売係員が寄ってきました。

「いかがですか?」

正直、私は一人でいろいろと見て回るのが好きなので、この接客は実に面倒でした。なので、その係員を追っ払うために、わざと購入意欲が低いように装《よそお》いました。

「素敵ですけど、ちょっと予算が……」

「では、シミュレーションしてみませんか?」

「シミュレーション?」

私と夫は目を点にして顔を見合わせました。

二人とも何をシミュレーションするのかさっぱりわかりませんでしたが、よくよく説明を聞いたら、ローンを返すシミュレーションでした。

その結果、三五年のローンが組めることがわかったのです。


韓国では三五年のローンはとても組めません。利息も、正確には覚えていませんが、銀行で借りると安くても年間五パーセントほどだったはずです。お金がない人が家を買うためにお金を借りようとしても、銀行では買う金額の最大七割程度までしか貸してくれません。親の援助なしに普通のサラリーマンが首都ソウルに自分の城を持つまでには、最低一〇年はかかります。その間、家の値段が上がらなければいいのですが、上がってしまうから困りものです。

新たな武器

三五年のローン。

私は新たな武器を得ました。

それまでは考えたこともありませんでした。やはり情報は大事です。

それでも結局その一軒家は金額が大きかったため、見送らざるをえませんでした。

しかし、賃貸軍の頭金防衛線も、ローンがよくわからない要塞《ようさい》もここに陥落《かんらく》したのです。


私はこの際にと思い、大反撃を始めました。


「買おう、買おう！」

「家？　まだまだだよ。ローンが組めるとしても、ちょっとは貯金を持たないと。不安じゃないの？」

「ひーん」

調べてみたところ、外国人である私は日本でローンが組めません。

永住権があれば話は別らしいですが、来日して二年目の私に当然そんな権利はありませんでした。それに今の会社に勤めてから一年しか経過しておらず、信用度はゼロでした。

一方、小さいながらも五年間同じ会社に勤めている夫はけっこう信用度があり、不動産屋の試算では、それなりの金額が借りられました。

ここまでくると、私にできることはひたすら夫に頼み込むことだけでした。

「ローンの返済を家賃だと思えば今と変わらないじゃん。だから、今買っちゃおうよ！」

「一人でローンを組まないといけないんだから、怖いよ。もし、あんたがもう日本がいやだーとか言って韓国に帰っちゃったら、俺一人の収入で返済しなきゃいけなくなるでしょ」

「そんなこと心配するの？　ちぇっ」

まぁ、夫の気持ちも理解できます。国に帰るということ以外でも、もし私が急に死んだら、やはり夫は一人で莫大《ばくだい》なローンを返さなければなりませんし、毎月の返済額と生活費のことを考えると、やはり共働きでないと安定的とは言えません。
夫の給料が上がる可能性はゼロではないのですが、彼はそれだけでリスクを背負う性格ではありません。

終戦、そして……

それからしばらくしたある日、私はインターネットの住宅情報サイトで見つけたのです。住んでいる家からさほど遠くない場所に、夫の収入（年収四二〇万円ほど）で組めるローンの範囲でも購入することができるマンションがあることを。すかさずゲリラ的に見学を予約し、さえない表情の夫を無理矢理連れて、隣の市にあるとある駅に降り立ちました。

「あの、今日予約した者ですが」
「はい、こちらにどうぞ」
一通り各部屋を見て回りましたが、シンプルに整理された統一感のあるインテリアが好印象でした。そして、話をよく聞くと一階の部屋を購入すると専用庭もついていることがわかりました。夫が一軒家にこだわった理由のひとつに、自分の庭がほしい、というものがありました。

「お〜、いいな」

担当者から説明を聞いているうちに、夫も満更《まんざら》ではなくなっていました。

私は、内心、ここにしようと決心していました。

まだ完成していない、というか、そもそも見学したのはマンション現地ですらなくモデルルームだったのですが、なぜかここが私の家という錯覚《さっかく》に陥ったほどでした。夫の収入でローンが十分組めて、日当たりが良い！　リビングが大きい！

「どうよ？」

「うーん……まあ、悪くないね。反対する理由がない」

そこからは一瀉千里《いっしゃせんり》でした。

実際のマンションが完成するのは五カ月先でしたが、今購入契約をすると好きな家具をひとつプレゼントしてくれるというので、早めに申請して大きな冷蔵庫をもらいました。

　そう、韓国から来るキムチを多く保存できるように。


　それから二年。

　住み始める前は、三つの部屋をどんなテーマでどんな色に飾るか、いろいろと楽しく考えていましたが、いざ住み始めてみると、結局二人で使う部屋はリビングと厨房《ちゅうぼう》と寝室だけだということがわかり、インテリアを工夫する意欲はすぐに失われました。

　また夫が待望していた庭の芝は、今、完全に枯れています。プランターを買って野菜を育てようと思った二人でしたが……。

　家をきれいに飾って、庭で野菜を育てる。二人が見た夢はもろくも崩れ去りました。

　二人の意欲を、面倒くささが完全に凌駕《りょうが》したのです。

　お互いの国で住宅事情は違えども、結局住む人間は変わらないということです。

　気候が穏やかになったら、せめて庭にプランターくらいは置いてみようと思う今日この頃です。

その2

一番韓国が恋しい瞬間

夫からの電話

「ごめん、今日問題が発生して遅くなる。先にご飯食べて」

会社から家に向かう途中、電話が鳴りました。夫からです。

何とか仕事から抜け出し、電話でこっそりと帰宅が遅くなることを告げる夫の行動はありがたいのですが、正直言うと私はがっかりしました。

「また遅いの？」

外国で暮らす私にとって夫に対しての一番の不満は、仕事が終わる時間が遅いことです。近くに家族がいるわけでもないし、友だちがいるわけでもない。一人でぼうっとテレビを見ていると、なんだかとても寂しい気持ちになります。

……というのは表面上の理由で（これも事実ではありますが）、もっとも嫌なことは、一人でご飯を食べるためにいろいろと作らなければいけないことです。

「それで何時ぐらいに帰ってくるの？」

「うーん、二二時は過ぎると思う」


共働きのわが家では、一日一食、晩ご飯だけは一緒に食べます。

朝ご飯を家で一緒に食べればいいのですが、二人ともそんな余裕がありません。そもそも、そんな時間があったらもっと寝てしまうことでしょう。国は違えども、朝の時間が貴重なのは万国共通です。朝は会社に行く途中で簡単に食べられるものを買い、会社でさっとすませて、昼は職場が違うため別々に食べます。

ですので、いつも晩ご飯だけは一緒に食べられるように、夫がどんなに遅くても待つようにしていました。しかし、二二時過ぎに終わるということは帰宅する時間がまったく保証できないということと同じです。


「ちぇ、そんな遅いの？　わかった」


電話を切ってから考えました。

「何を食べよう。もし新宿あたりで電話をもらっていれば、一人でおいしいものでも食べて、遅く帰る夫のためにも何か買えたのに……もう家の近くだし」

どんなに遅くても必ず家でご飯を食べる夫のために何かを作らなければならないと思いつつも、心が折れてしまいました。がんばっている夫には悪いけど、もうしかたがありません。

「面倒だな。食べてくるように言っておこう」

私は夫に遅くなるなら食べて帰ってきてというメールをしました。

さあ、夫はよいとして、私は何を食べるのか……。
いちおう家には辛《しん》ラーメンがありますが、なんだかラーメンの気分ではありません。
家にある宅配業者のチラシをいろいろと見ても、出前を取ることができるのはピザか寿司かそばくらい。
「ピザと寿司は高いし……そばは満腹にならない！」

絶望感が私を襲《おそ》いました。

一番韓国が恋しい瞬間。

「ああ、韓国だったらなんでも出前が取れるのに！」

—

出前天国・韓国

チキン！

韓国で「夜食の王様」とも呼ばれるチキン（치킨）は、フライドチキンのことです。一羽丸ごとの鶏を食べやすい大きさに切り、衣をつけて豪快《ごうかい》に揚《あ》げます。チキンの種類も、ヤンニョム（タレ）チキン、にんにくチキン、ねぎチキン、脚だけのチキンなど、さまざまです。街にはチキンのお店がずらりと並んでいて、韓国の実家の周囲だけでも両手で数えられないほどのチキンのお店があります。しかも、すべて出前がメインで、ワールドカップなど夜に重要なサッカーの試合があるときはチキンが売り切れてしまうほどです。値段も一羽一万五〇〇〇ウォン（約一〇五〇円。二〇一二年八月時点のレートを元に換算、以下同様）程度とお買い得です。最近はビールとセットのメニューもあり、夜食にはもってこいです。

しかし、出前の王様は別にあります。それはチャジャンミョン（짜장면）です。本場中華のものとも、日本のジャージャー麺《めん》とも違う、韓国で独自に進化した料理です。

	日本東京（円）	韓国ソウル（ウォン）
映画チケット	1800	9000
お米（10kg）	3680	25000
CD	3000	15000
タクシー基本料金	680	2400
電車の初乗り	150	900
定食代（だいたいの平均）	800	6000
国産缶ビール（350mℓ）	210	1500
ガソリン（1ℓ）	136	1920
コカコーラ（1.5ℓ）	190	1920
牛乳（1ℓ）	285	2400
卵（10個）	200	2800
スターバックスコーヒー	360	3900
国産タバコ	400	2000

日韓物価比較（ミリャン調べ）。2012年8月時点での為替レートは100円＝約1400ウォン。ちょうど私が日本にやってきた頃に円高になり、それがずっと続いているので、韓国の物価が安く見えますが、韓国で暮らしていると物価が安いという感じはしないです。

じゃっかん甘くて油っこいのですが、タンスユク（탕수육：細く切った豚肉に衣をつけて揚げたもの。それを各種の野菜が入ったタレで食べる中華料理）と一緒にセットで売られているのが一般的です。チャジャンミョン一皿は約四〇〇〇ウォン（約二八〇円）です。タンスユクとチャジャンミョン二皿のセットは一万五〇〇〇ウォン（約一〇五〇円）程度ですけど、三人でも十分な量です。とにかくとても安い！

しかし、一番の魅力はそこではありません。ちょっと大げさに言うと、電話して三分以内に来る速さです。速くて安い。主婦の私が恋い焦が

韓国の家には定期的に近所のお店の情報が載った広告雑誌が届きます。チキンは１羽で２～３人前。最近はネギをのせたものが人気のようです。

チャジャンミョン（右下）とタンスユク（左上）です。右上の餃子は焼き餃子で、料理を多く頼むと無料でついてくることが多いです。また、たくあんとタマネギはチャジャンミョンには欠かせない存在です。

れるくらい欲しくなるのも無理ありません。

ミリャン特製パスタ炒め

「えいっ！」

ないものをねだっていてもしょうがないので、私は重い腰をあげました。

しかたなく、テレビの音を聞きながら冷蔵庫の中を見ると鶏肉があったので、それを使って何かを作ることにしました。


料理の名は不明。


ただ、にんにくをオリーブオイルで炒《いた》め、切った鶏肉を入れます。そこに鷹《たか》の爪《つめ》を入れて、さらにしいたけを入れます。

「これだけじゃ味気ない」

私は戸棚を開けて加えるものがないかと探り始めました。

「そうだ。パスタの麺を入れよう」

どこかの料理番組で見たことがあるような、ないような感じでした。とにかく私はパスタを取り出し、細かく割ってフライパンに投入しました。水分を調整しながら味つけをし、料理は完成。

名づけて、「ミリャンのパスタ麺と鶏肉炒め」。

ふっと時計を見ると、料理開始から一時間が経っていました。


それを黙々と食べていたら意外と早く仕事が終わった夫が帰ってきました。

夫は私の作った料理を見るやいなや、目を丸くしました。

「なんか、パスタが入っているんだけど……」

「そうよ。どう?」

夫は早速料理を口に運ぶと、表情を変えずに食べ続けました。

「うん、食べられなくはない」

夫はいつもこんな反応をします。「まずくはない」「食べられなくはない」。

「おいしくない?」

「なんか足りないな……」

「こいつ、人がせっかく作ったのに」

夫は批判をしたくてしているわけではないと思います。ただ、正直な感想を話しているだけです。絶対ウソはつかない夫は大変です。

そう、私は料理が下手です。

別に夫に罪があるわけではないのですが、少し不満そうな彼の姿を見ていると、腹が立ってきました。

「遅いってもうちょっと早く言ってくれればデパートで何か買ってきたのに。韓国は出前も種類が多いけど、日本のは種類が少ないよ。この料理でさえ、作るのに一時間もかかったよ」

怒りが勝手にエスカレートします。

「出前が簡単に取れる韓国に帰りたい！」

「出た、韓国帰りたい病！」

苦笑しながら応答する夫。

もう、効果がありません。

最初はこの言葉でけっこう慌《あわ》てた夫なのに、今ではずいぶんと私の扱い方が上手に

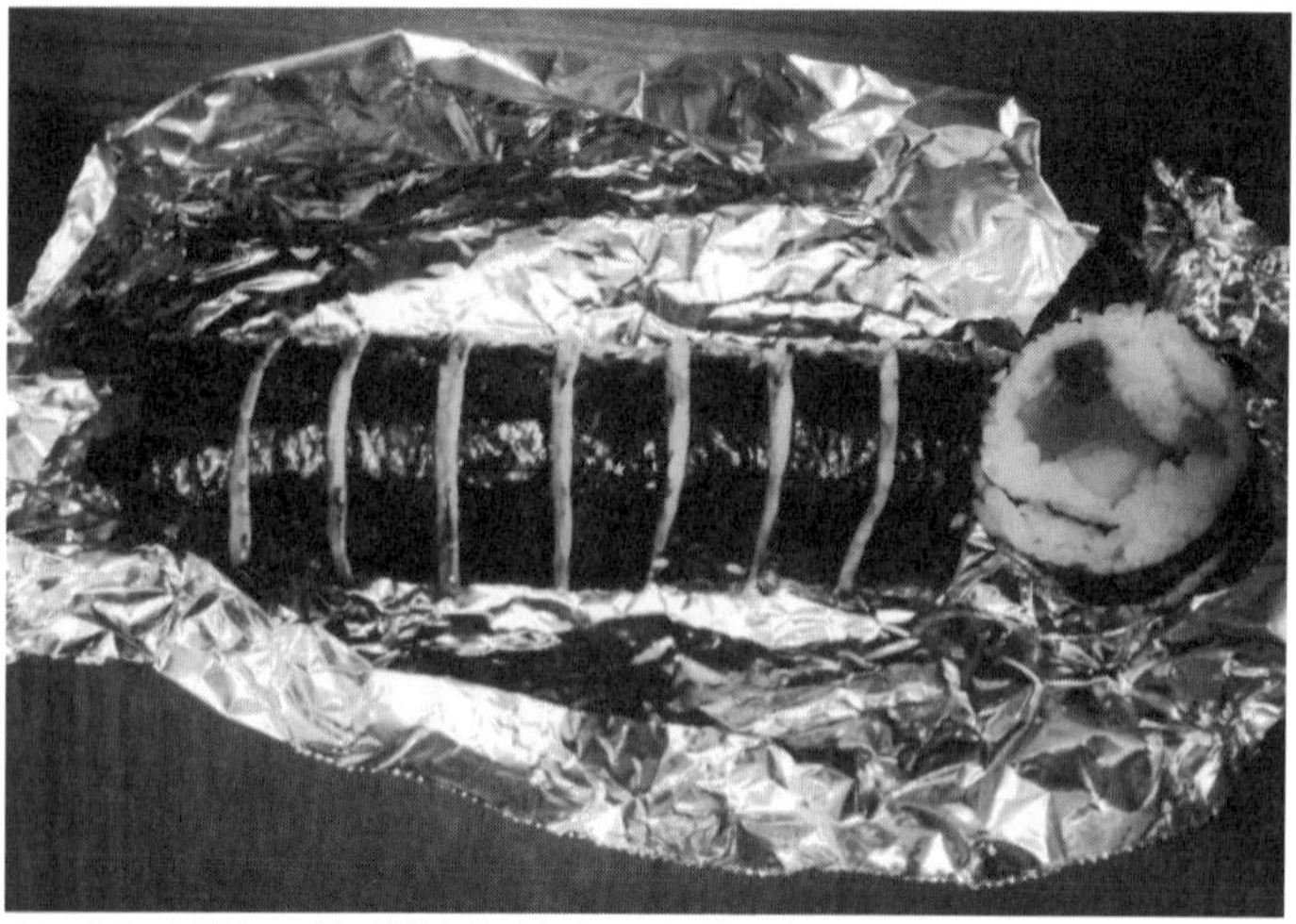

キンパプ。女性はこの量で満腹になります。これがなんと1200ウォン(80円)ですよ！！

なっています。

私も料理がうまくなりたいと思うことはあるけど、この日のように遅く帰った日には楽をしたいというのが正直な気持ちです。

あらためて、出前天国・韓国

韓国の出前は、先にあげたチキンやチャジャンミョンだけではありません。

先日夫と一緒に韓国に帰省した際、家族が誰も家にいないときにはキンパプ(김밥)の出前を取りました。

キンパプは日本の料理でいうと海苔巻《のりま》のことです。ハムや、ごぼう、きゅう

まぁ、だてに長く一緒にいるわけじゃないです。

りなどといった野菜を入れる点は日本の海苔巻きと似ていますが、巻いた後ごま油を塗ることと、魚介類を使わないこと、そしてさまざまなバリエーションがあるところが違います。代表的なキンパプのバリエーションといえば、キムチ、チーズなどです。安いところでは一二〇〇ウォン（約八〇円）で食べることができるので、簡単に食事をすませたいときにはぴったりです！（もちろん、ひとつだけは配達してくれません）。

ほかにも、子どもを持っている友だちの家を訪ねた際には、ポッサム（보쌈：白菜でキムチの素《もと》とやわらかくゆでた豚肉を巻いて食べる料理）、チゲ類、ご飯類などの出前を取りました。子どもの世話をしなければならず、お客さんのために料理する暇がないお母さんたちは、私たちにご馳走としていろんなものを頼んでくれました。そのときもどれだけうらやましかったか……自由に好きなものを安くいろいろと頼めるなんて……。

うーーー、うらやましすぎる!!

あるとき、韓国に嫁《とつ》いだ日本人の友だちが言いました。

―

「日本人男性は手料理を好むけど、韓国人男性は出前の料理を抵抗なく食べるから楽だよね」

正直、自分で作るより出前を取ったほうが安いときのある韓国。

もちろん、健康のためにあるいは自分の愛を表現するために、お母さんたちは一所懸命料理をします。それは韓国でも日本でも同じだと思います。ただ、たまには手を抜いてゆっくりと休みたいこともあるのです。そのときいろいろなおいしい出前が取れたらな、と思う私であります。

そしたら、夫の憎たらしい口も食べることだけに集中するのにね……。

その3

わが家の財政問題

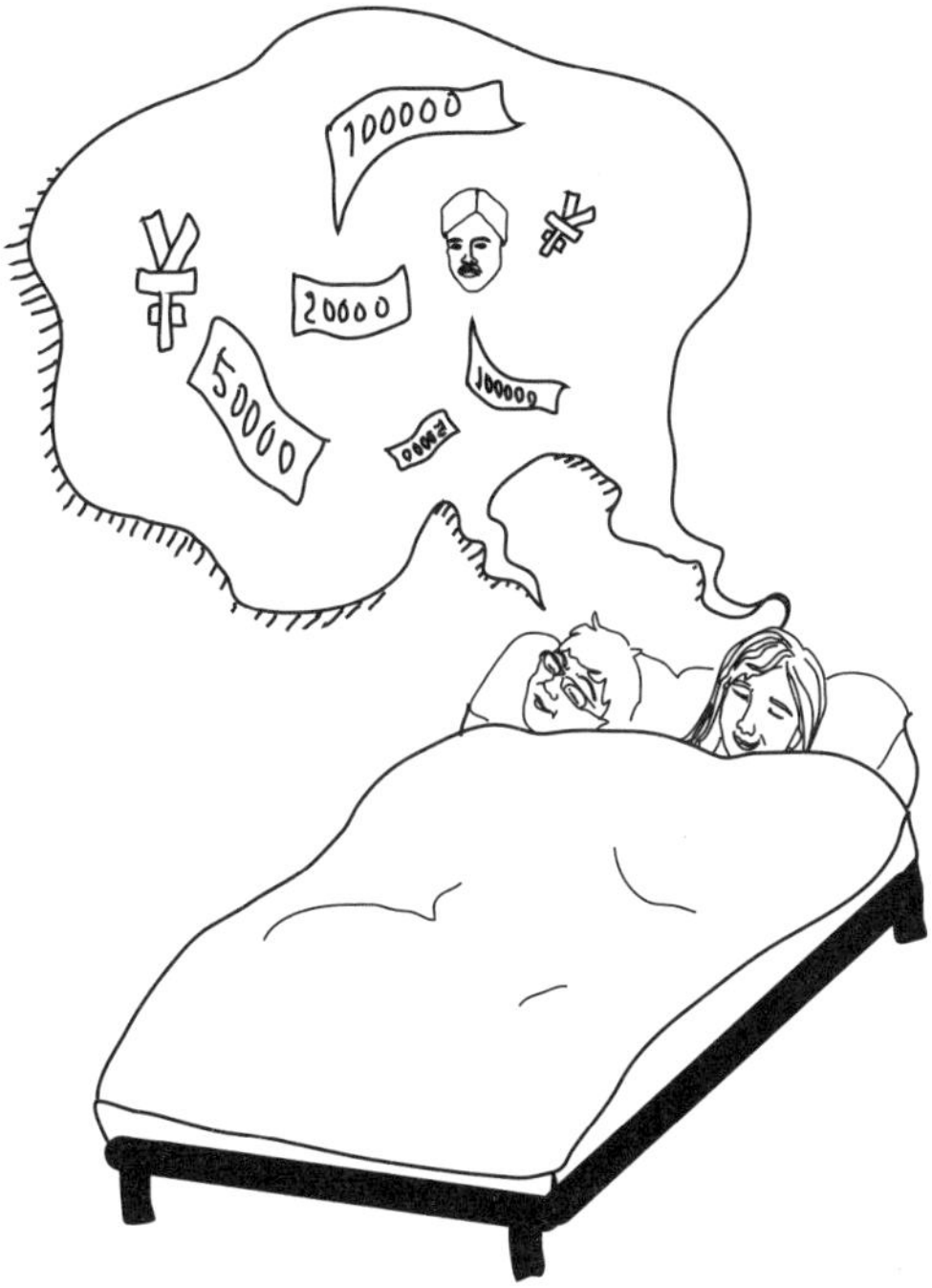

貯金がない!?

つきあって三カ月の頃。

とんとん拍子で私たちの結婚の話は進んでいましたが、決心する前に、生活にどれくらいのお金がかかるのかを検証する必要がありました。これから一緒に住む家の家賃、引越し代、用意しなければならない家具……。

「はあ……」

考えるだけで頭が痛くなりました。当時私はまだ翻訳学校に通っており、学費がかかっていたためカラッケツでした。一方、夫は社会人だったので、私は彼の貯金に密《ひそ》かな期待を抱いていました。しかし、その期待は彼の預金通帳を見た瞬間に脆《もろ》くも砕《くだ》け散ったのです。

「ちょ、ちょっと待って！　いくら若いとはいえ、社会人になってもう四年でしょ？　なんでほとんど貯金がないのよ？」

驚愕《きょうがく》した私の質問に、彼は悪びれることなく言い放ちました。

「そりゃあ、俺も最初は貯めてたよ。でも、親戚が亡くなったり、結婚式が続いたりで香典《こうでん》や祝儀《しゅうぎ》を払っているうちに、貯金が消えていっちゃってさ。いつのまにかこうなってしまった」

頭の中のヤカンがけたたましい音を立てて蒸気を噴《ふ》き出す寸前でしたが、奥歯を噛《か》んで必死で堪《こら》えました。貯金がない理由としてはあまりにもひどくありませんか？

お金を貯めることができなかった理由を徹底的に追及したい気持ちになりましたが、いくら彼を責めてもお金が増えるわけではないので、財布の紐《ひも》を私が握ることで合意し、満足しました。

この年でお
小遣いをも
らうことに
なるとは…
…。

祝宴のチケットは三万円

それから数カ月後、私たちはなんとか籍を入れて新しい生活を始めました。そんなとき、仲良くしていたカップルが結婚することになり、結婚式に招待してくれました。日本ではじめて経験する結婚式なので、準備をしようと夫に尋ねました。

「日本も結婚式に祝儀を持っていくんでしょ？　いくら用意すればいいの？」

「そうだね、普通なら三万かな」

「え、な、何？　三万円？　ウォンじゃなくて!?」

「うん。二人で一緒に行くとなると五万くらいが相場みたいだね」

私は唖然《あぜん》として開いた口がふさがりませんでした。

あまりの驚きに、その後何度も聞き返してしまいました。

しかも、お金がかかるのはそれだけではなく、結婚式に出席するならドレスを着て、化粧と髪をちゃんと整えて行くのが一般的だというのです。


しかしそんな中、私の頭の中である点と点がひとつの線で結ばれました。

それは日本の洋服屋に展示されていた煌《きら》びやかなドレスの行方です。

ハリウッド映画のパーティーシーンでよく見かけるようなあのドレス。普段街を歩いていても、あんなドレスを身に着けている人はいないけど、いったい誰が買っているのか、あの洋服屋はちゃんと経営が成り立っているのか。

そんな疑問のすべてが一瞬のうちに解けました。

結婚式に出席する人が着るものだったんですね。

しかし……です。

友人の結婚式に出席するとなると、祝儀三万、ドレス代、二次会に出席するならその会費まで準備しなくてはなりません。それだけで、わが家の家計の負担は半端ないことになります。さらに、それを二人分払うとなると、負担は増える一方！　こんな不景気な世の中に、わが家の財務省はそこまで寛容ではないのです。

友人にとっては人生の一大イベントで、もっともおめでたいことであることも頭からは消し飛んでしまって、私はついに口走ってしまいました。

「私は行かないからっ！」

この発言後、ご想像の通り、わが家では新たな闘争が勃発《ぼっぱつ》したのは言うまでもありません……。

韓国の結婚式

韓国の祝儀の相場は五〇〇〇円程度です。日本の結婚式ではフレンチの高級料理が出るとしても、韓国の相場とはものすごい差です。

韓国の結婚式は来賓《らいひん》と新郎新婦が簡単に言葉を述べるだけで、おおよそ三〇分程度で終わります。式が終わると、新郎新婦はペベク（폐백：新婦が結婚した後、新郎の家の人たちにはじめて挨拶すること。韓国の芸能人が結婚した映像などを見たことがある人は記憶にあるかもしれません。新郎新婦が正座して家族にお辞儀をする、あれのことです）という伝統儀式を行います。その間、式の出席者はみんな食堂に移動します。ペベクを終えた新郎新婦は来賓がいる食堂を訪れて挨拶をし、そのまま新婚旅行に行くため空港に直行するパターンが多いです。

来賓の中には祝儀を渡して食券をもらい、式に出席せず食堂に直行する人もたくさんいますが……。

少し本題とはそれますが、人生でもっとも大事なイベントのひとつであるのに、三〇分前後というスピードでさっさとすませてしまっていいのかと疑問に思う方もいらっしゃるでしょう。実は今、そういった声は韓国でも大いに叫ばれています。私のベストフレンドの結婚式に行ったときに、彼女は私と顔もまともにあわせてないのに新婚旅行に行ってしまい、とても寂しい思いをしたこともあります。

とはいえ、三万円は高すぎる!!

率直に言わせてもらえば、低価格の航空会社も増えた今の時代、そのお金があれば東京からソウルまで往復することも十分可能です。もちろん、韓国でも仲のよい友だちが結婚するときは、祝儀を渡したらはい終わりというわけではなく、友だちが必要とするもの、たとえば家電などをプレゼントする場合もあります。共通に仲のよい友だちがいる場合は力（お金）を合わせて大きなプレゼントをします。

しかし、日本は基本が三万円です。
来る人全員が三万円以上を用意してくるのです。

夫は部下の結婚式に来て祝儀を二万五〇〇〇円しか渡さなかった当時の部長をケチだと言い切りました。
一万円ではフレンチのような高級料理代と引き出物の代金としてはとても足りないかもしれません。二万では「二で割り切れてしまうため縁《えん》起《ぎ》が悪い、だから三万」と相場が決まってしまったのでしょうか。

そりゃそう
でしょ、僕
だって三万
持ってった
んだから！

引き出物にしても、ほしくもないものをもらい、もらい物だから簡単にポイッと捨てることはできません。その歯痒《はがゆ》さといったら……なんだか業者の罠《わな》にまんまと引っかかった気がするのは私だけでしょうか？

郷に入っては郷に従え

「でも、しかたないでしょう。ここ日本だもん」

戦火を交《まじ》えてしばらくして、私の熱弁を夫はたったのひとことで一蹴《いっしゅう》してしまいました。

「何だと？　郷《ごう》に入《い》っては郷に従えと言いたいのか……」と、言い返したかったところですが、冷静に考えてみると、夫の言うことは理にかなっているのでやめました。

ここで夫と議論をしたところで、祝儀の相場が安くなるわけではないのです。

それと同時に、祝儀が原因で貯金ができなかったという夫の言葉を少しだけ信じられるようになりました。

翌日、私は銀行のＡＴＭの前に立っていました。

私の手には預金通帳がありました。

憧《あこが》れのマイホームを買うために、けっして浪費《ろうひ》せず、定期的にきっちりとお金を貯めていた預金通帳。

私は涙をのみながら祝儀のお金を下ろし、こうなったら思いっきりお祝いして、思いっきりおしゃれして、思いっきり料理を楽しむしかない、そう心に誓うのでした。

II

〝少食〟な日本人、〝大食い〟な韓国人？

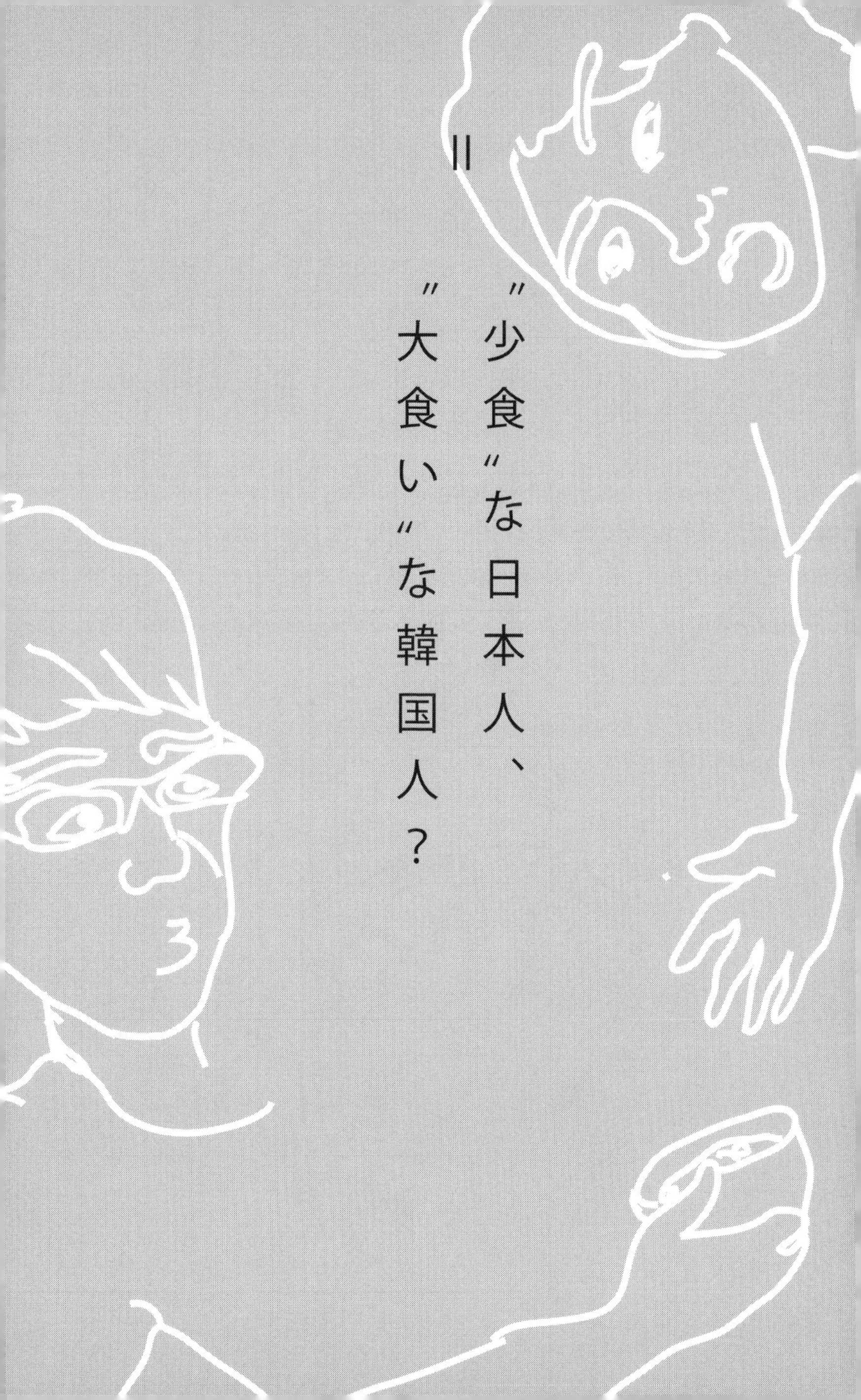

その1

〝しちゅ〟がなんだかわからん！

二重のショック

ある週末、スーパーでじゃがいも、にんじん、たまねぎ、鶏肉を手に取ってかごに入れました。

そうです、今晩の食卓の主役はカレーライスです。

ルーもいろんなものがあるので、好みの辛さのものを手に取ったら夫は言いました。

「ねぇ、シチューはどう？」

「え？　私はカレーが食べたい」

「たまにはシチューにしようよ」

夫の提案に、なんだか意味もなく腹が立ちました。


「いやだ」


「なんでさ？」

「そもそも、〝しちゅ〟がなんだかわからん！」

夫は絶句しました。

そう、私はシチュー（市販のクリームシチュー）を食べたことも聞いたこともなかったのです（後からわかったことですが、シチューは英語のStewでした。それがわかったとしても食べたことがないことには変わりなかったのですが）。

それから私はシチューの説明を夫にしてもらい、自分で作って食べました。食べながら、シチューが学校の給食にまで出ると教えてもらい、二重のショックを受けました。

日本人は、本当に洋食が好きです。

そして、日本の街もそれに応えるように、世界のさまざまな国の料理のお店が軒を連ねています。

そんなお店の情報は昼の情報番組などで仕入れることができます。

土曜日には遅く起きて、まず興味のあるチャンネルを探ります。再放送するサッカー試合がなければ、たいていはＴＢＳの「王様のブランチ」を見ます。最近開店し

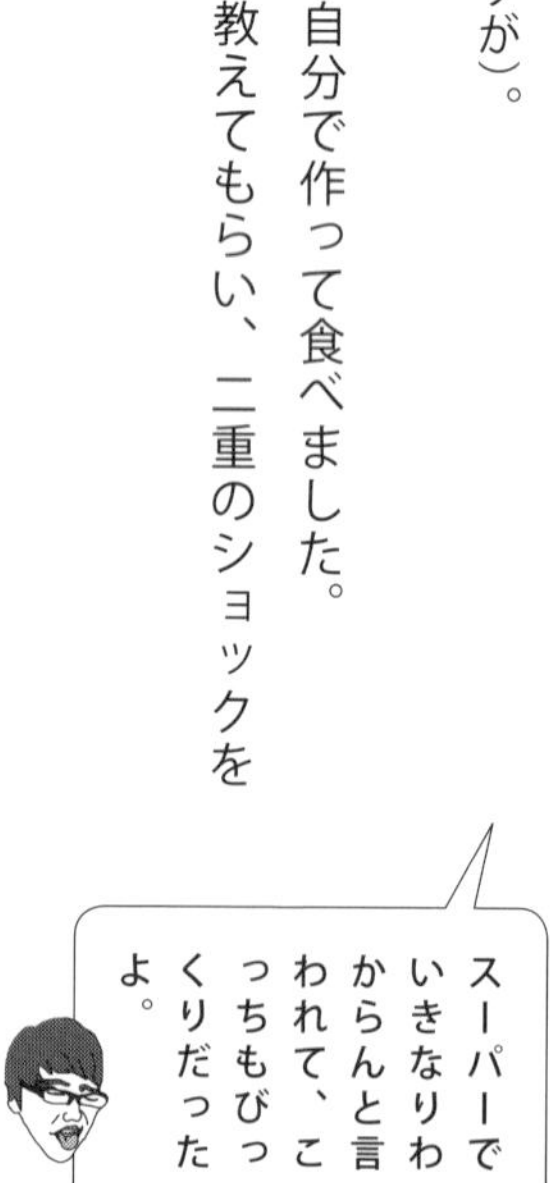
スーパーでいきなりわからんと言われて、こっちもびっくりだったよ。

た話題のレストランを紹介しているコーナーがあるのですが、あるとき偶然、夫の会社から近いお店が紹介されていました。

「あれ、あの店、会社の近くだ。今度行ってみようかな」

「でも、男が食べるには量が少ない気がするね。高いし」

こんな会話を交わしながら、紹介されるレストランの料理を舌なめずりしながら見ていました。紹介されていたのは、キッシュの専門店で、「本格フレンチ」といった感じのフレーズで紹介されていました。

「本格的フレンチ？　ね、ね、今思ったんだけど、日本ってさあ、本格イタリアンとかフレンチの店がほんとに多いよね。なんでだろうね。韓国で食堂を紹介する番組では、ほとんど韓国料理屋なのに。どこのお店のタレがおいしいとかね。不思議だね」

「うーん、なんでだろうね。まあ、韓国人は韓国料理が大好きだから」

韓国の外国料理事情

韓国の街を歩いたことのある人は私の話が理解できるかと思います。

どの街でも、イタリアンやフレンチといった洋食屋を見つけるのには骨が折れます。もちろんイタリアンというかパスタ屋はありますが、日本でいう本格的なイタリアンとはちょっと違います。ピザ屋もいっぱいありますが、形式は完全にアメリカのピザで、窯《かま》でピザを焼くところはあまり見つかりません。

韓国人にどこで洋食を食べるかと尋ねたら、ファミリーレストランを思いつく人が多いでしょう。

日本のファミリーレストランとは少し様子が違って、値段が高めです。店舗や座席が広く、ご飯を食べた後はコーヒーを飲みながらゆったりとおしゃべりができます。また子ども用の椅子《いす》と皿などがきちんと用意されており、子どもを持った母親たちが安心して子どもを連れて行くこともできるところが、女性に支持される理由のひとつです。

洋食ではないのですが、日本料理も人気のジャンルです。意外に思われるかもしれませんが、寿司屋よりもとんかつに人気が集まっています。「新宿さぼてん」は韓国の街中でも目にすることができます。また、都心に足を向けると、ラーメン屋も増えました。しかし、これは日本で食べるラーメンとはほど遠いものです。韓国に旅行に行って日本が恋しいなと思ってラーメン屋に入っても、日本の景色がまぶたに浮かぶことはないと思います。

そのほかには、ベトナムのフォーが人気です。私もフォーはよく食べました。その理由は、フォーのスープがおいしいからです。正確にいうならば、とても辛い唐辛子《とうがらし》をいくらでも追加できるため、スープを辛くして食べることができるからです。そのスープを飲むととても気持ちが良いのです。

お酒を飲んだ後は最高の二日酔《ふつかよ》い対策です。

韓国ではお酒を飲んだ後、アルコールを分解するというか胃の調子を整えるために、汁ものを食べる文化があります。「大豆もやしのスープ」や、今や日本でもおなじみの「辛ラーメン」などを食べる人が多いです。

そんな様子だから、韓国で本格的な外国料理を食べることは本当に難儀《なんぎ》です。

もし、本格的なフレンチやイタリアンを食べたいと考えたら、おそらく高級ホテルに行かねばならないでしょう。ホテルでの食事になるととても高くて、私みたいな庶民は行くことができません。

スープに油分が少なくさっぱりしているのが韓国風フォーの特徴です。お好みでからしを入れます。私は追加で唐辛子も頼んで辛〜くして食べます。モヤシとたまねぎもお好みで追加ができます。

街には屋台がたくさんあります。一番右にある長い串には、おでんが刺されています。手前は野菜やイカなどの揚げ物、その後ろの右側がトッポッキ。どれもほんとうにおいしいです！

それでも、韓国で暮らしているときにはぜんぜん不満はありませんでした。屋台でも私の食欲は十分満たされたからです。今もたまに韓国に帰ると、こんなに街中に安くておいしい屋台や食堂が多い国は世界にそうないと誇りに思うぐらいです。屋台に置いてある料理のラインナップはどのお店もそんなに変わりはなく、トッポッキ（떡볶이）やおでんといった、韓国の伝統的な庶民の味、日本の流行語で言うならB級グルメ料理です。

帰省したときなどは、とにかくそういった自国の料理を楽しみにしているので、自分も観光客のような気持ちで、一日に食べたいものの三食を紙に書いてきちんと計画通り食べます。

出た、韓国自慢！ でも、郷土の味ってそういうものだよね。

そんな韓国の様子にくらべると、日本にはほんとうに「本格的」洋食屋が多いと思います。

そこまでするの!?

友人のS君は料理が好きで、わが家に遊びに来ると、よく自分の好きなパスタや肉料理などを披露《ひろう》してくれます。自分で作るのも好きですが、外で食べるのも好きな彼は、いろいろなお店を知っています。いわゆるグルメなのです。中華、タイ、インド、イタリア、スペイン、ポルトガル……などなど。まるで世界中を旅行しているような気分になるほど、さまざまな国の料理を出すお店を彼とともに巡りました。

しかも、そういったお店が都心の大きなデパートなどに入っているのではなく、あるときは小さな駅の近くだったり、あるときは自分の家の近所にあったりして、いつも驚きます。最初は恐る恐るだったものの、いざ食べてみるとおいしいのです。どんどん外食にはまっていくのが自分でもわかるぐらい……。

今となっては、カナダで痛い目にあって以来、トラウマになって食べることができなくなっていた中華まで、少しずつ食べられるようになりました。ただひとつ問題なのが、外食費がぐんと上がること。恐るべし。

もうひとつの違い

日本と韓国の〝外〟食事情でもうひとつ異なる点は、その年齢層の幅です。

日本で同僚と一緒にイタリアンを食べに行くと、五〇歳は過ぎているようなおじさんサラリーマンを多く見かけます。ときにはおじいさんとおばあさんという年配のカップルもいます。韓国ではこういう光景は滅多《めった》にお目にかかることができません。

「わ、お年寄りもいる」

これは、日本の洋食屋でいつも私が感心することです。
そんな光景を見ると、韓国の両親を思い出します。洋食どころか、和食すら好みません。いつも韓国料理だけ。私たちが結婚する前に、娘の様子を見に来日しましたが、私の家に着くやいなや、自分で持ってきたキムチと韓国の味噌《みそ》を取り出し、ご飯を炊いて食べ始めました。日本にいる三日間、両親が一番おいしいと言った日本食はカレーライスでした。たぶん、帰国したときには体重が減っていたと思います。

そこまで韓国料理にこだわるから、私の両親には海外での暮らしはとうてい無理な話です。しかし、そんな人が韓国では大部分ではないでしょうか。私も二〇代のときは別に韓国料理を食べなくても生きていける気がしましたが、三十路に入った今、それができないことだとやっと気づいたんです。

韓国では、辛いタコ炒めを幸せに食べていたある人が、実はそれが夢であり、実際にはフランスの観光バスでバゲットを持ってコチュジャン（고추장：もち米麹《こうじ》、唐辛子の粉などを主原料とする発酵食品で、日本では唐辛子味噌とも呼ばれる味噌の一種）欲しさに涙するコチュジャンのCMまでありました。私はそれを見てすごく共感しました。

日本の街にどうしてこんなにも洋食屋が多いのか。

「一種の憧れが形になったものなのかな？」

「うん、まあそれもあるかもね。それに、昔から海外のものを取り入れて自分流にアレンジするのが日本人の伝統的な文化なんじゃない？」

うーん。私にはそのあたりのことはよくわかりません。ただ、老夫婦がパスタを食べる光景は私にとっては単純に不思議なものであり、と同時にうらやましい風景であることもまた事実なのです。

その2

食卓の上の闘争

スプーン事件

楽しい安らぎの場であるはずの食卓に、事件が起きました。

ご飯を準備しているときに、夫がスプーンをひっくり返して食卓に置いたのです。食べ物をのせる部分が上になるようにスプーンを置くことがマナーであるのに、夫はそれを守りません。

「スプーンはこっちが上になるように置いて」

「ええ、急にどうしたの？　なんで？」

「韓国ではそれがマナーだよ」

「ふーん、そうなの。はい、はい」

日本の食器の主役はなんと言っても箸《はし》です。普段の食事でスプーンをあまり使わないから、韓国のルールがわからなかったのでしょうか。

そういった文化の違いは理解しているつもりですが、スプーンをひっくり返して置くことを見て見ぬふりができなかったので、夫に注意しました。

それから何日か経過し、再び食卓にスプーンが並ぶときがありました。しかし、そ

そりゃ知らないよ！
韓国も鉄の箸が主役でしょう!!

のときも夫はスプーンを同じように置いてしまい、再び私に注意されました。その後も何度も同じようなことがあり、そのつど私は注意しましたが、直りません。

タフなボクサーがダウンしても何度も立ち上がるように、私の注意をものともせず（忘れてしまい）、夫は同じことを繰り返しました。

ある日、ついに私の堪忍袋《かんにんぶくろ》の緒《お》は限界を迎えました。


「おい！　いい加減にしろ！」

「あ〜そうだったね、ごめん、ごめん。でも、なんでこう置いちゃだめなの？」

怒られた夫が理由を尋ねたのははじめてでした。

「えーっと、たしか『ひっくり返して置くと福が逃げていく』と聞いたことがある」

「ふーん、そうなんだ。わかった。これからはほんとうに注意する」

すると、夫は約束通りマナーを守るようになりました。

理由がわかれば、ちゃんと守るようです。

しかし、先日韓国の友だちと電話したときにこの話をしてみると、その子は「福が逃げる」なんて聞いたことがないと言いました。

真偽《しんぎ》は定かではないが、マナーはマナーです……。

夫の実家

結婚して間もない頃は、夫の実家に行くことを考えるととても気が重くなりました。

夫の実家は、日本人なら誰もが知っている「伊豆《いず》」です。

人に「夫の実家は伊豆です」と言うと、十中八九は「自然もきれいでおいしいものも多い、温泉まであってとてもいいところ」と言います。夫の実家は観光地として有名な東伊豆ではなく西伊豆なのですが、自然がとてもきれいで、食べ物はおいしいです。スーパーで買った刺身でさえ、新鮮ですごくおいしい！　肉ももちろんおいしい！

しかし、そんな極楽《ごくらく》に辿《たど》り着くまでの道のりはけっこう大変です。

俗にいう「ド田舎《いなか》」で、一番近いバス停留所から歩いて家まで行くのに二〇分以上はかかります。さらに、そのバス停留所から電車の駅まで行くのに、一時間程度か

かってしまいます。バスは一時間に一本。伊豆という距離的に近い場所であるにもかかわらず、五時間以上かけて行かなければなりません。

その時間をつぶすために、本や近所で借りた漫画を持って行ったりしますが、最初の頃はそれすら不安でした。

結婚した当初は、義理のお母さんとお父さんに自分の本性（?）を見せておらず、悪い印象を与えないように気を配っていました。大量の漫画本など持って行けば、この嫁は大丈夫か？　などと心配されるのではないかとハラハラしました。

しかも、（もう亡くなってしまいましたが）夫のお父さんはいかにも昔の親父といった感じの人で普段は無口だけど怒ると怖いと聞いたので、緊張感は増す一方でした。

また、韓国では結婚すると夫の実家を訪れた際には当たり前のように嫁は家事をします。しかし、日本式ではあくまでもお客さんだから、人の厨房に勝手に入ってはいけないと聞きました。だから、いつもご飯を用意してくれる姑《しゅうとめ》さんを見ながら「手伝うべきか、手伝わないべきか」判断がつかなくて一人で居心地の悪さを覚えました。

こんな理由があったからか、夫の実家に行く直前に、夫と私は必ずといっていいほど喧嘩をしてしまいました。

理由はいまや覚えてもいないくらいつまらないものだけど、必ずこんな会話で終わります。

「行かない！」

「行こうよ！」

その頃の私は、きっと心理的なストレスを予知し、重い腰を上げられなかったのでしょう。

緊張の食事タイム

当時一番困ったのは、一緒にご飯を食べることでした。

韓国ではご飯の器をテーブルに置いたまま、スプーンで食べます。しかし、日本ではご飯の器を手で持ち上げて箸《はし》で食べます。汁もの、たとえば味噌汁などを韓国ではテーブルに置いてスプーンですくって食べますが、日本は手で持って飲みます。このマナーをはじめて聞いたときは、スプーンを使わず汁物を食べるなんて「具はどうやって食べるのだろうか？」と疑問に思ったことを覚えています。

翻訳学校に通っていたとき、日本人の先生が、韓国みたいにテーブルに置いてご飯を食べることを、日本では「犬食い」と言うと教えました。それを聞いたとき「ええ？」と戸惑いと怒りを感じましたが、韓国語の専門学校に通う日本人の友だちに聞いてみると、韓国では「日本みたいに手で器を持って食べるのは、監獄《かんごく》で手が縛《しば》られている人がご飯を食べるときにすること」だと教えられるらしいです。

私は子どもの頃からスプーンを使うのが当たり前だったので聞いたことのない話でしたが、友だちは先生にそう聞かされてけっこう腹が立ったとか……。

さらに韓国では魚などを食べる際に、皮を取りたくてもうまくできないとき、隣の人に箸で魚をつかんで固定してもらい身だけを上手に取りますが、日本ではそれがNGだと聞きました。二人で同じものを箸で一緒につかんではいけないのです。

そのマナーを知らなかった頃、夫と一緒にご飯を食べるときに、私がうまく食べ物を取れなくて困っていたことがあります。しかし夫はそれを知りながらも、ただじっと見ていたんです。そのとき「ちょっとつかんでくれればいいのに、こいつめ！」と怒りましたが、後になって、葬式で二人が箸を使って骨を拾うから、それは日本のマナーに反すると聞いて納得しました。実際に舅《しゅうと》さんが亡くなったとき、火葬場《かそうば》でみんなでそういうことをやりました。

どっちもお互いの食べ方が不思議に見えるんだね。

こんな話もあり、姑さんとご飯を食べるときはとにかく緊張しました。うっかり食卓にご飯の器を置いたままご飯を食べると「なんでこんなに礼儀がないのか。韓国人はみんな野蛮《やばん》なのか？」と思うのではないかとハラハラしました。

姑さんはきれいで年齢よりも若く見えますが、韓国にいるうちの父（六〇を数年前に過ぎてしまった）と年が同じです。うちの父は戦争直後に生まれたこともあり、厳格で食卓のマナーに関してもけっこううるさいです。小さい頃から厳しく父に注意されていた経験上、おそらく同じであろうと勝手に想像し、余計に緊張したのです。

うちの父は自分のご飯を先に盛らないと怒る人でした。

本当は家長のご飯を冷まさないように一番最後に盛るのが正しいと思うかもしれませんが、なぜか一番先に盛らなければならなかったのです。誰がなんと言おうと、それがルールでした。

家族全員が一緒にご飯を食べるときも家長のお父さんが一口食べるまでは、他の人

は食べてはいけません。しかし、夫の実家では姑さんはいつも私たちに「先に食べて」と言って、なかなか家事から手を離して食卓についてくれません。おなかを空《す》かせた夫は「お母さん、先食べちゃうよ」と言って食べてしまいますが、嫁はそれができません。そして姑さんが出してくれたものはどんなにおなかがいっぱいでも食べないといけないです。

私は嫁ですから。

こんなに緊張する私とは違って、夫はうちの家族とご飯を食べるとき一切緊張しないので、じゃっかん腹が立ちます。

まぁ、元来どこに行っても緊張せずに人と接する人ですが……。

韓国に行くと母は、夫が「おいしい」と言ったイシモチを、南の海の近くに住んでいるおばあさんに電話して取り寄せます。そしてみんなと一緒にご飯を食べるときに、素手《すで》でイシモチから骨を一つ一つ取り除き、食べやすい大きさにちぎって夫のご飯にのせます。父は自分の好きなおかずを箸で取って、また夫のご飯の上にのせます。そうすると何のためらいもなく「네（ネ：はいの意味）」と言って夫はパクパク食べるのです。

夫にいっぱい食べさせたい両親は「많이 먹어、이것도 먹어（マニモゴ、イゴットモゴ：いっぱい食べて、これも食べて）」と言いますが、おなかがいっぱいになると夫は「배부르다（ベブルダ：おなかがいっぱい）」と自分の意思（？）をちゃんと表明します。

その様子を父はとても残念そうに見つめるのです！

夫はうまく韓国語がしゃべれないため、外国人としてしっかりと認識されていますので、多少食事のマナーを間違えてもある程度のことは私の家族も気に留《と》めません。

しかし、私は日本語もある程度話すことができ、さらに嫁に来たという立場から、嫁の役目を完璧にこなさなければいけないという使命感を持っていました。

キムチが結ぶ日韓家族

そんな私にも破綻《はたん》が訪れる日がついにやってきました。

それは伊豆に帰省したある日のことです。

歳をとると故郷のものが恋しくなったりするもので、東京のわが家には韓国のキムチが常備されています。しかし、伊豆の家はそうではありません。私は、伊豆に行くとキムチなどが食べたくてしかたがなくなります。

ある日、どうしても我慢《がまん》ができず、ある行動に出ました。

ご飯にごま油をかけて醤油《しょうゆ》をたらして混ぜ、ビビンバ（？）のようにして食べてしまったのです。

それを見た姑さんは、目を丸くして、びっくりした様子を隠しませんでした。

「へえ、そんなふうに食べるの？」

私は背筋がぞっとしました。

ついにやってしまったと絶望しました。

目の前が暗くなったくらいです。

（ああ、嫁失格の烙印《らくいん》を押されたにちがいない……）

しかし、姑さんはすぐに笑ってこう言ってくれました。

「お国柄だね」

慌てた私が韓国ではこのようにして食べることがあると説明すると、姑さんは真剣に話を聞いてくれました。おそらく、姑さんは長い人生の中でこんなふうにごま油と醤油をご飯にかけて食べる人を見たことがなかったでしょう（さらにコチュジャンがあったらそれがベストでしたけど）。

その日をきっかけに、夫の実家でそこまでびくびくする必要がないと私は悟りました。

そう。礼儀正しく見えないかもしれないけど、お国柄です。度を越えると醜《みにく》くなるかもしれませんが、末っ子の嫁だからちょっとは甘えてもいいかと思った瞬間でした。

今は伊豆に行く際には、必ず韓国の母が送ってくれた「マイキムチ」を持参します。そして姑さんと仲良く味見をするのです。

「キムチ、最高ね」

私の「キムチ禁断症状」が、日韓家族のきずなを深めることになったのです。

その3

私はまだおなかいっぱいじゃない!

コリアンタウン新大久保

「Uさんが新大久保に行ってみたいって」

夫の会社の女性後輩であるUさん。ある日会社で夫が、サムギョプサル（삼겹살：三段ばら肉焼き）を新大久保で食べたと話したら、彼女も行ってみたいという話になったそうです。

それだけなら夫と会社の人たちで行けばいいのですが、どうやら彼女は韓国人である私と一緒に行ってみたいらしく、私も同行することになりました。するとUさんからその話を聞いた彼女のお姉さんからも行ってみたいとのリクエストがあり、結局、私、夫、Uさん、Uさんのお姉さん、夫と一緒に働く女性社員のHさんと合計五人で赴《おもむ》くこととなりました。

当日、会社帰りに新大久保駅に集まった五人は、一路《いちろ》目的のお店へと向かいました。五人中で男性は夫一人だったので、道中私は「花に包まれていいね」などとつまらない冗談を言いながら歩みを進めました。

ここで新大久保について説明します。

韓国の俳優やアイドルが好きな人にはすっかりお馴染《なじ》みになっていると思いますが、新大久保は東京にあるコリアンタウンです。ＪＲ山手線では新宿の隣の駅になります。新大久保には本当に韓国料理屋が多く、韓国料理の食材を購入することができるお店もたくさんあります。

もし韓国料理に興味があり、本場のキムチや食材を買いたいなら、ぜひ行ってみてください。新宿駅からも徒歩一〇分程度の距離なので、気軽に行けます。街中では韓国語があっちこっちで飛《と》び交《か》っているので、ちょっとした外国気分が味わえるかもしれません。それで二の足を踏んでいる人もいるようですが、少しだけ勇気を出してください。お店の店員さんたちはみんな日本語を話すことができるので、注文するときには心配ご無用です。そこにいるのは、みんな明るくて一所懸命生きていくために来た留学生と社会人ですから。きっと、よい体験ができるはずです。

さて、新大久保のことはなんとなく想像できたと思いますので、話を進めます。

私たちは大きめの店舗に入り、早速サムギョプサルを頼みました。

サムギョプサルは韓国人たちが愛してやまない豚の焼肉です。一般的に、黒い鉄板で分厚く大きな三段ばらの豚肉を焼きます。鉄板はコンロに角度を付けて設置されており、下の部分に穴が開いていて、肉から出た油が全部落ちる仕組みになっています。油が集まる辺りにキムチをのせ、落ちてくる油でいためます。それがとにかくうまい！　こうやって文章にしているだけでも、よだれが出ます。

　Uさんたちはサムギョプサルの他にもみんなそれぞれ食べてみたいという韓国料理があったので、サムギョプサルはとりあえず四人前を注文しました。その他にはUさんが希望した「ちびチヂミ」を頼みました。

　しばらくすると、肉が来ました。おいしそうな匂いを放ちながら、肉はしっかりと焼かれました。焼かれた肉を一緒に出てきたサンチュ（상추：包菜《つつみな》でレタスの一種類）にのせ、キムチ、ねぎサラダ、にんにく、唐辛子などと一緒に包んで食べます。中に包むものはお好みで良いです。

「おいしい！」

　みんな満面の笑顔で食べました。韓国では自分で肉を焼きますが、日本の店では店員さんが肉を焼いてくれますので、私も楽しく食べることができました。

　普段は男の子たちの前では肉が食べたいとあまり主張したがらない日本の女の子たちですが、この日ばかりは「肉うまい！」「肉最高！」とおいしい食事を楽しみました（いくら結婚しているとはいえ、うちの夫はどうやら〝男性〟として認定されていないらしいです）。

ショックな出来事

そして、そろそろ最初に頼んだ肉がなくなる頃……。

私はご飯ではなく肉をもっと食べたいと思っていました。それでこれからどうするかを聞こうとみんなの顔を見渡すと、女の子たちはいっせいにこう言いました。

「おなか、いっぱい」

瞬間、狼狽《ろうばい》しました。どうすればいいかわかりませんでした。

私はまだおなかいっぱいじゃない！

韓国では普通、肉をある程度食べると、その鉄板でキムチや海苔などと一緒にご飯を炒めて食べます。また、いろいろなお惣菜《そうざい》類や、テンジャンチゲ（된장 찌개：韓国の味噌鍋）かケランチム（계란찜：蒸し卵鍋）が、ご飯を頼むと一緒に出されます。サ

ンチュとお通しのようなお惣菜類などのおかわりは無料なので、肉を人数より一人前ほど少なく頼み、炒めご飯を食べます。それは常識とまではいいませんが、一般的な食べ方として認識されています。

しかし、日本の韓国料理屋では、お惣菜類はおかわり自由のお店もありますが量が十分ではなく、チゲもありません。そして、サンチュも無料ではありません。そもそも日本では一般的にお通しなどはおかわり自由ではないからです。

肉を人数分より少なく頼んだのに、おなかがいっぱいとはどういうことなんでしょう！！！

うちの夫は当然ながら男であるし、少々食べたりないようで、ご飯ものが食べたいと言い出しました。結局、Uさんのお姉さんが食べたいと言ったサンゲタン（삼계탕：鶏肉のスープ）を一人前頼んでみんなで分けて食べることにしました。

普段からサムギョプサルが好きで、ご飯を食べずに肉だけでも一人で二人前を食べる私にとって、とてもショックな出来事でした。みんながおなかいっぱいだと言っているのに、私はまだ食べたいなどとは、とても恥ずかしくて言い出せません。

男である夫が注文することはまったく不自然ではないので、私はちらりと横に座る

夫を見ました。すると夫は先ほどのサンゲタンで事足りたらしく、満足げな顔をしていたのです……。

そう、彼女たちは満腹のためサンゲタンにあまり口をつけず、主に夫がぱくぱくと口に運んだのです。

おい、なんか頼んでよ！

「ああ、どうしよう!! 足りない、足りない、足りない！！！」

私は悩んだ挙句《あげく》、隙《すき》を見てこっそり夫に話しました。

「二人だけで、もう一軒行こう」

「え、マジで？」

十分食欲を満たされていた夫は、引きつった顔を隠せませんでした。私は非情《ひじょう》ともいえる眼差《まなざ》しでうなずき、囁《ささや》きました。

「안 가면, 죽어！（アンガミョン、ジュゴ：行かないと殺すぞ！）」

私の決意をしぶしぶ受け入れた夫と私は、サムギョプサルを食べ終わった後、みんなに「食材を買いたいからここで」と言い残し、店の前で別れました。もう一軒行くとはとても言えません。

韓国語には
過激な表現
が多いよ。

日本人が少食なのだ

「チキン大好き！」

ビール一杯とチキンバンマリ（치킨 반마리：鶏肉一羽の半分）を頼んだ私は幸せでいっぱいでした。

「デジ（돼지：豚で、韓国ではデブのことをデジと呼ぶ。もちろん相手に失礼になる言葉なので、親しい人にだけ使ってほしい……）」

　夫の呆《あき》れ顔も、もはや見慣れたものです。

「ちぇっ、しかたないもん。私もいちおう女なのに、まだおなかがいっぱいではないから肉をもっと頼みたいとは、さすがに恥ずかしくて言えないでしょ？」

「でも、本当におなかいっぱいじゃないの？　僕はけっこういっぱいだけど」

「へえ、あんたも体型が細くはないのに少食だからね。なんでだろうね。なんで日本人はあんまり食べないんだろうね。韓国はお惣菜もいっぱい出たりするじゃん。うちの弟なんて、もう三〇歳になるけど今も一人で肉二人前は食べると思うよ」

「だってあんたの弟は身長が一八四センチもあるんだから、それなりに食べるでしょ

できればこんな顔あんまりしたくないんだけど……。

うよ。日本の女性はね、ダイエットとかするからさ。それにあんたよりみんな小さいし。Uさんなんて一五〇センチくらいだと思うよ。お姉さんもそんなに変わらなかったし」

そうでしょうか。私の身長（一六五センチ）が大きいから大食いなのでしょうか。日本で何を食べてもおなかがいっぱいにならないのは私の身長が大きいからでしょうか。

いや、私は日本人が少食なのだと確信しています。

そうでないと困ります。

とにかく、今流行の女子会などに出席するときは、あらかじめおにぎりでも食べて行ったほうがいいとつくづく思い知りました。

いや、やっぱりミリャンが大食いなだけなんじゃ……。

その4

だって おいしいんだもん

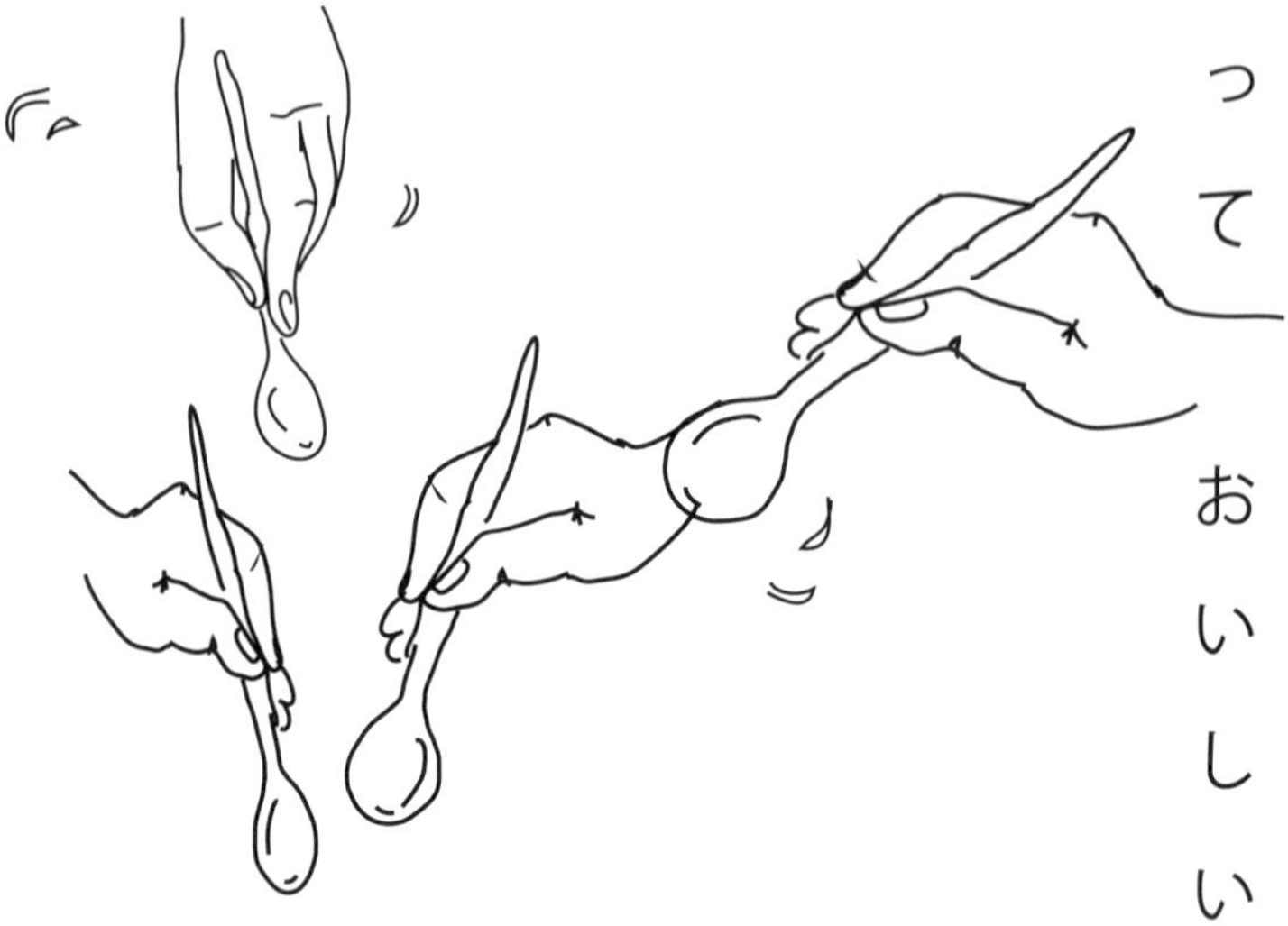

そこにケーキがあったから

ある晴れた日、山梨に住んでいる友人J君と釣りをするため、私と夫そして友人S君の三人で山梨の河口湖に出かけました。私は釣りには興味がなかった（しかも、食用ではない魚を釣るのだとか……）ので、三人が釣りをしている間、自然の中で一所懸命漫画を読みました。富士山を一望できる場所で横になりながら漫画を読むなんて、まさに至福の時間です。

一時間ほど過ぎた頃、男子三人は釣り竿《ざお》をぶら下げ、にぎやかに談笑《だんしょう》しながら私のもとに来ました。

「疲れたからお茶しに行こう」

ちょうどお茶でも飲みたいと思っていた私は、二つ返事で同意しました。

近くに有名なチーズケーキ屋があることをJ君が思い出したので、そのお店に行ってみることにしました。

そこはチーズケーキ専門店で、いつぞやテレビで紹介されているのを見たことがあるようなお店でした。中は明るく、ショーケースにはケーキがずらりと並んでいて値段も高くありません。ガラス越しにオーブンの中で焼かれているチーズケーキを見て、思わず期待感で声を上げました。

「わ～～♡」

ケーキを選んで注文を終えた後、店内の内装やお土産用の焼き菓子をきょろきょろと見ていると、店員さんが私のケーキを箱に入れようとするのが見えました。

「あ、店内で食べます」

慌てて箱に入れないように頼み、確保した席に座ると、すぐにケーキが運ばれてきました。私たちの人数、四人よりも多いケーキの数を見て、夫は目が飛び出るかのようにびっくりしました。

「二つも頼んだの？」

夫に問われて、私は首を横に振りました。そして、さらに運ばれてくるケーキ。私の前に並んだケーキは、全部で三つでした。もちろん、種類はすべて違います。

「ええ？　三つも食べるの？　ここ一週間ダイエットのためにジムに行ったのが台無しじゃん」

「ここまで来たら、名物はいろいろと食べないと」

ひとこと言い放ち、憎たらしい夫を睨《にら》みつけました。そして、みんなに一緒に食べようとケーキを勧めました。

みんな私の頼みっぷりにびっくりしながらも、笑って食べて楽しい時間をくつろぐことができました。しかし、至福の時間はいつもすぐ終わりを告げます。あっという間にケーキを食べ終えたのです。

席には空になったケーキの皿が七枚。夫とJ君がそれぞれ一つ、S君が二つ、私が三つ。お皿を見て罪悪感に苛《さいな》まれました。しかし、食べざるをえませんでした。なぜならば、そこにおいしいケーキがあったからです。

私は普段甘いものをあまり食べません。理由もなく歯が痛くなるからです。それでも、日本のケーキは大好物です。小さいながらもその店の特徴を生かした街のケーキ屋さん。日本はこういう小さなケーキ屋さんがたくさんあります。私のもっともお気に入りのお店は、調布《ちょうふ》市役所の近くにあるお店と、吉祥寺の東京女子大学の前にあるお店です。三鷹《みたか》のジブリ美術館の近くにあるお店も種類は多くないですが、繊細《せんさい》なケーキが多いです。

まさか一人で三つも食べるなんて……。
たしかにケーキはおいしかった。

どれも大好き！

友だちと吉祥寺で待ち合わせをすると、必ずケーキを買いに行って食べます。色もきれいで形もきれいなケーキに心を奪われると、もう後に引くことはできません。一度行くと、必ず二つは注文してしまいます。どんな味なのか確かめたい私の好奇心が一番問題です。ショーケースに並んだケーキの味をすべて知りたくて、また次の機会にお店を訪れてしまう。そして、そこで新作や季節のケーキを発見してしまい、それを食べ、罪悪感に苛まれる。その悪循環を何とか断ち切りたいのですが、なかなかできません。最初に日本のおいしいケーキ屋を教えたのは友人S君、彼を責めるべきでしょうか？

もうひとつの魔物

ケーキだけなら一カ月に二、三回で満足できると思います。しかし、日本で私を罪悪感の連鎖《れんさ》に陥《おとしい》れるものがもうひとつあるから困ります。

それは、ビールです。

最初はアサヒのスーパードライが好きでした。実は日本のビールは韓国でもよく

売っており、私も飲んでいました。韓国のビールより味が濃くておいしいのです。

日本に来た最初の頃は、発泡酒とビールの違いがよくわからず安い発泡酒をよく飲みましたが、ある日贅沢《ぜいたく》にもサッポロのヱビスを飲んだらもう駄目《だめ》でした。スタンダードタイプの金色のヱビスもとてもよいですが、白いシルクもよいです。まろやかなブルーという種類も発売されたりして、スーパーで見るとつい手が出てしまいます。見なかったことにすることができないのです。

また、サントリーのプレミアムモルツも最高です。他のビールよりも多少値段は張りますが、一所懸命に働いた後に、ご褒美《ほうび》としては安いものだと自分に言い聞かせ、ほぼ毎日手に取りました。

「こだわり」

なぜここまで私は日本のケーキとビールに心を奪われたのでしょうか？

私が考える理由のひとつは「こだわり」です。

「こだわり」は日本の職人さんの話をするとき欠かせないキーワードです。会社で日本の観光案内ブックを翻訳したとき、何度「こだわり」という単語を翻訳したか……。

料理人も、細工《さいく》職人も、何かを作るとき、自分が手がける何かの材料を選ぶとき、必ずこだわります。できれば適当に何でも早くこなしたい私には、未知の世界です。

「こだわり」は韓国語に直訳すると「구애（グエ：拘礙）」になります。どちらかというと執着《しゅうちゃく》という言葉にニュアンスが近く、相手にいい印象を与える言葉ではありません。韓国では否定的に使うことが多い言葉ですけど、日本では職人たちの魂を表現するいい言葉として使うことが多いです。そんな理由でいつも翻訳に困ります。「旬の食材にこだわった料理」を「旬の食材に拘礙した料理」とは翻訳できません。そのたびに意訳するしかありませんけど、ひとことで表現しないといけない場合には本当に泣くしかありません。

翻訳には苦労する「こだわり」ですが、料理にかぎらず、何かを作るときにその職人がこだわることによって、誰が食べてもおいしい、使って喜ばれるものが生まれ、人気を得るのではないでしょうか？　このマニュアルに書くことのできない「こだわり」こそが、日本の製品を世界一に導いたのだと思います。

だから私はそのままどっぷりとケーキとビールにはまってしまい、日本に来て三年

が過ぎた頃には、二重顎《にじゅうあご》で体重は二〇キログラム近く増えました。去年、会社の健康診断に行ったときは、その前の年より体重が急増したことをお医者さんが心配しましたが、今年はたぶんもっと心配されることでしょう。考えるだけで鬱《うつ》になります。

ダイエットご協力のお願い

河口湖から帰宅したその夜、夫から、私が走る後ろ姿が滑稽《こっけい》だったという話をされました。

「もう肉が体のラインからはみ出ちゃってるって感じだよ。がんばってやせようよ」

「私そんなに量は食べてないよ。三食のご飯だけだよ。甘いものあまり好きじゃないからお菓子も食べないし。なんでだろ……」

「ええ？　今日もケーキ三つ食べたじゃん」

「久々に食べただけじゃんっ！」

「あんたは水だけ飲んでも太る体質だってオンマ（엄마：母親）に言われたんでしょ？気をつけようよ。ね、健康のためにやせよう！」

「ちぇっ！　男はみんな健康のためにやせてほしいとか言うけどさ、実は太ったのが見たくないんでしょ?」

「それもあるけど、ここまでくるとさすがに心配だよ。本当にやせよう」

「私だってやせたいよ。でも、ケーキとビールはおいしいんだもん。やめろと言われて、きれいさっぱりあきらめられるのなら、とっくにやめてるよ。ジムも行ってるんだから、そのうちやせるよ」

とても楽観的に話す私に夫は呆れた顔を隠しませんでした。

しかし、今すぐ昔の体重に戻る術《すべ》もありません。やせられないのならば、服でなんとかごまかせると信じていました。

その翌日、夫に頼まれたものを買うためにデパートに行きました。店内は明るい雰囲気で、春夏向けの服がずらりと並んでいました。その中で私の目を引く淡いピンクのワンピースがありました。

すかさず近寄り、まず値札を確認しました。

「うーん、かわいいな。値段も手ごろで……」

太って以来、やせたときにかわいい服を買うと決心したため、まともな服を買っていません。でも、今のワンピースは短めだから、下にレギンスをはくことによってご

まかすことができると判断し、試着することにしました。

「いかがですか」

フィッティングルームの前で声をかける店員さんに服を渡しながら、ボソッと言いました。

「すみません、ここの洋服はとてもかわいいですけど、私が太ったせいで似合わないです」

いくら服がかわいくても、高度肥満に近い体型だとかわいく見えないという真理を久々に思い出した瞬間でした。服でなんとかごまかすという私の作戦は、こうしてむなしく終わりました。


これからは本当にがんばります。正直、太って以来胸も苦しいし、夫の言う通りです。健康のためにやせないと。

そのために、私は街のケーキ屋とビール会社に、ダイエットへの協力を要請します。

私がやせるまでは、新作を控えてください……。

僕からもよろしくお願いします……。

III 日本のここが不思議です

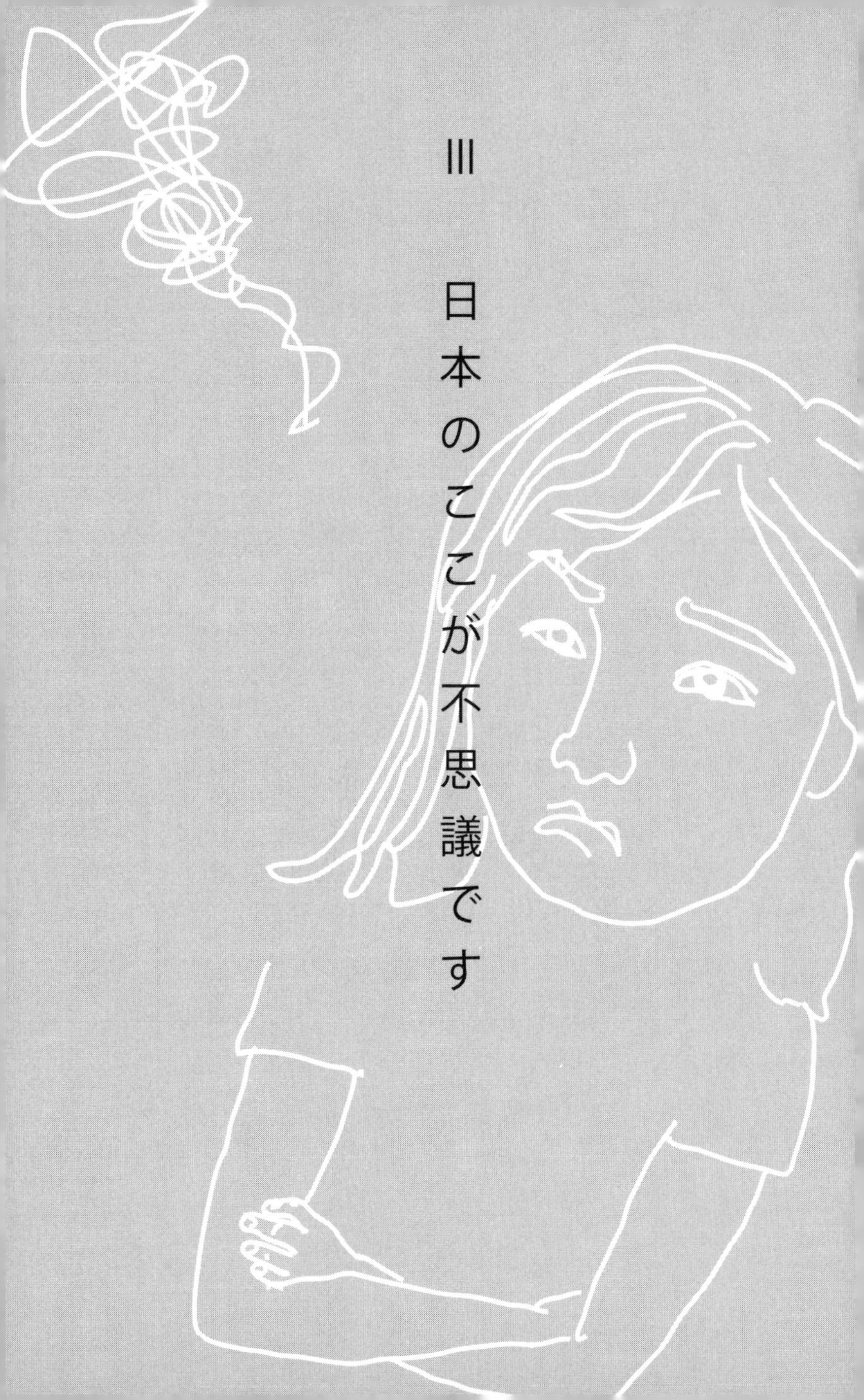

その1 ミリャン恋愛を語る

韓国の男性は甘いか？

私が男性について語る資格があるかどうかは、正直一抹《いちまつ》の疑問があります。それでも、夫をはじめ日本人の男性たちと、私が今まで出会ってきた韓国人の男性たちに顕《けん》著《ちょ》な違いがある気がするので、語ってみたいと思います。

これから語るのはあくまでも私の経験であり、それが両国の男性全体の実態であるかどうかは定かではありませんので、その点についてはご了承お願いいたします。

ある日、たまたまテレビをつけると、韓国の若者のキスについての番組が放送されていました。その番組によると、今韓国で人気なのは「サッタンキス」と「ゴップムキス」でした。サッタンキスはドラマ「IRIS」で出たキスで、キスをしながらサッタン（사탕：キャンディ）を口で交わすものです。

また、ゴップムキスはドラマ「シークレットガーデン」で主人公が演出したキスです。女の人がゴップム（거품：泡）のあるコーヒーを飲んで上唇に泡がついてしまい、その泡を男性がキスできれいにしてくれるという、とても甘～いキスです。

仕事柄大学によく出入りして大学生と接点がある妹に聞いてみたところ、実際にそんなキスをしている若者は見たことがないとのことでした。でも、考えてみると、これは韓国ドラマにハマる日本人女性が夢に見る、韓国式の恋愛のイメージに近いのかもしれません。

実際、私が体験したり見聞きしたりしているかぎりでは、日本人同士の恋愛より韓国人同士の恋愛のほうが甘～いかもしれません。

韓国人カップルは日本人カップルよりよく連絡を取り合うし、つきあって一〇〇日・二〇〇日などは、必ずと言っていいほど記念日として祝います。サプライズイベントもする、カバンはどんなに軽くても男が持つ、電車で席が空いていれば絶対彼女を座らせる、デート費用は男のほうが多く負担する、毎回家の前まで送ってくれる……などなど。

それに韓国人男性の押しの強さは、世界一と言っていいほどパワーがあります。つきあう前に何度も家の前に駆《か》けつけてきて告白します。傍《はた》から見ると、韓国人男性は日本人男性より甘いかもしれません。いや、かもしれ

ないのではなく、間違いなく甘いです！　もちろん日本人男性にもそういう人がいると思いますが、韓国人男性はその割合が段違いです。

私と友人S君の場合

他にもこんなエピソードがあります。

結婚する前、日本に遊びに来たとき、日本人の友人であるS君と電車に乗りました。私のカバンは旅行用の荷物が入っていて、かなりの重さがありました。

少し記憶が曖昧《あいまい》ですが、ひとつ席が空き、私はS君が当然私を座らせると思いました。恋人ではありませんけど、いちおう女性だから。しかし、S君はその期待を裏切って自分で座りました。私はあたり前のように自分のカバンをS君の膝《ひざ》に置きましたが、それまで拒絶されました。韓国では座った人が立っている人の荷物を持つのが普通で、男性が座ったならなおさらです。

日本なのに韓国みたいに無言でいきなりカバンを差し出した私の態度がいけなかったのでしょう。S君は「カバンを重くしたのは自分だから自分で持って」と答えました。持ってくれるのが韓国では普通だと反論しましたが、ローマに行ったらローマのルールに従えと返ってきました。言われたことはもっともでしたが、腹が立ってしかたなかったです。そんな態度では一生彼女なんかできないと嫌味《いやみ》を言ってやったぐらいです。

仲はよいのですが、しょっちゅう価値観でもめる私とS君なので、この例は極端《きょくたん》かもしれません。でも、日本人男性より韓国人男性のほうが女性に甘い傾向はある気がします。

たぶんS君なら、夜中に彼女が電話やメールでアイスクリームが食べたいと言っても、動かざること山の如《ごと》し、でしょう。きっと「自分で買いに行け」と言うはずです。うちの夫も「コンビニに行けば？」とひとことで片づけてしまうでしょう。

しかし、大学の先輩の一人は、夜中にアイスクリームが食べたいと言ったら彼氏が一時間の距離をタクシーで駆けつけて、アイスクリームを買ってきたそうです。私が交際していた韓国人の男性も、私がバイトをしていたある雨の日に、食べたいと言ったケーキを買ってきて車の中で仕事が終わるまで待っていてくれました。自分の家からの距離などは障害になりません。

しかし……。

甘〜い恋愛は、彼氏にせがんだアイスクリームのように溶けやすいものです。

甘くない夫

「今日は疲れたからここで別れよう」

つきあう前には、来なくていいと言っても、近くに来る予定があったとか、とにかく何かと理由をつけてよく職場まで迎えに来て食事をさせて送ってくれたのに……。

人によって違いますけど、私の場合つきあって二カ月、三カ月したらこんな始末でした。この落差はなんなのだ、というのが最終的な私の感想でした。

男性も人間だから疲れる日だってあると十分すぎるほどわかっています。しかし、人間の心はかつてあった何かを奪われると寂しくなるものです。


「変わったね」

女性は彼氏が変わってしまったと、自分をもう前みたいに愛していないとまで考えてしまいます。考えすぎかもしれません。しかし、一度そんなふうに見てしまうと、前と変わったと思えることはいくらでもあります。これで徐々に関係に溝ができ、ギクシャクすることもあります。

それにくらべてうちの夫は最初からぜんぜん甘くありませんでした。

最初に告白したのが私だったということもあるかもしれませんが、つきあい始めの頃も今も、甘いどころか、何の味もしません。甘い言葉も言いませんが、怒ることもない男です。

でもそんな、つきあう前もつきあった後も態度が変わらない夫といると安心します。そのせいか、二人で愛情に関する問題で喧嘩した記憶はまったくありません。夫の前に交際していた男たちとは、しばしば「変わった」とか「最近、電話の回数が減った」とかですごくもめました。

どんな熱でもいつかは冷めるのなら、一生に使う熱量が決まっているのなら、少しずつずっと長く温められることも幸せかもしれません。

もちろん、最初から情熱的でずっとその情熱のまま愛してくれる男性が一番いいですけどね！

褒められているのかけなされているのか、よくわからないな……。

その2 年越しそばが食べられない！

韓国のお正月は旧暦に

多国籍の人が集まる私の会社では、正月とお盆の時期になると休みを取る人が多いです。私も外国人の一人なので必ず聞かれます。

「年末年始は韓国行きました？」

「いいえ、韓国も中国と同じく旧暦の正月だから行かないです」

韓国は旧暦で誕生日などを祝うので、友だちの誕生日が毎年違います。うちの母と父は自分の子どもの誕生日までうっかり忘れてしまうときが多いです。

韓国と日本で正月の時期が違うため、うちの夫婦は喧嘩することなく正月やお盆にちゃんとお互いの実家に帰ることができます。もちろん韓国の実家に行くためには有給休暇を取らなければなりませんが、なかなか有給が取れない夫を脅《おど》して一緒に行きます。このせいで、夫の会社で私はそうとう怖い人物として知られています。怒ると手がつけられないと。しかし、私が日本にいて日本の文化をどんどん吸収していくのにくらべて夫はぜんぜんわかっていないので、韓国の文化に触れるいい機会だと思います。

今年の年末も会社が終わった次の日に、電車とバスに五時間揺られて夫の実家に向かいました。実家の周りに住んでいる親戚《しんせき》に渡すお土産を持って。行きながら交通費が安かったらもっとたくさん行けるのにと、いつもの文句を言って夫と口喧嘩をしてしまいました。実家に行くときはいつもこんな感じです。

姑さんは息子夫婦においしいものを食べさせたいと思い、思い切って高級牛肉を肉屋に頼みます。初日はお魚の鍋で次の晩ご飯は牛肉のしゃぶしゃぶ。そして正月の朝はお雑煮《ぞうに》で晩ご飯はから揚《あ》げ……としっかり献立《こんだて》を決めています。お正月とお盆に行くといつもこんな調子です。

夫と私、姑さんは晩酌《ばんしゃく》をしながらしゃぶしゃぶを食べました。肉は三人で六〇〇グラム、白菜、豆腐、ねぎ、しいたけなどなど、本当にたっぷりとおなかいっぱい食べました。もうこれ以上は食べられないと思っていると、姑さんが尋ねました。

「年越しそば、食べるでしょう？」

心の中で「あ、しまった」と思いました。

今年も年越しそばの存在をすっかり忘れていました。

はじめての年越しそば

結婚してはじめてお正月を迎えたとき、まだ舅さんが存命だった頃の年末も、姑さんはいっぱい料理を作ってくれました。その日もしゃぶしゃぶとから揚げがメインだった気がします。四人で食卓に座って霜降《しもふ》りがきれいな牛肉を豪快《ごうかい》に口に運びました。私たち夫婦は本当に遠慮せず、パクパク食べました。

するとそのときも姑さんがこう切り出しました。

「お父さん、山芋は今おろしたほうがいいんじゃない？」

「そうだな、今やろうか」

ご飯を食べた後、姑さんはけっこう太い山芋を持ってきました。近所の人からもらったらしくていいものだと言い、おろそうとしました。

「これは明日の朝、ご飯にのせて食べるのかな」

一人でひそかにこう思ったことを記憶しています。そして、山芋をおろす仕事は私に任されたのです。たぶん、姑さんが私にはじめてさせた仕事だったと思います。いつも「座って」とか「やることないよ」と言うから、初仕事だとけっこう喜んでやっていた記憶が残っています。山芋をすりおろすなんてやったことがなかったので、一所懸命やりました。おかげでとろろがいっぱいできました。

まだおなかがいっぱいな状態。それにずっと座っていたためちょっと横になりたい気分。

しかし、いきなりすごいことを言われました。

「あんたたち、そばはどれくらい食べる？」

「そばですか？　今ですか？」

えええ？　そばを、今、食べる？　なんで？

理由がわからないまま目を大きく開ける私を見て姑さんは説明をしてくれました。

「日本は年越しそばといって大晦日《おおみそか》の夜にそばを食べるの。長生きするという意味があるの」

初耳でした！

日本人がそば好きだということは知っていましたが、年を越すときにそばを食べるなんて聞いたことありません。だったら晩ご飯として食べればいいのではないかと思いましたが、どうやら大晦日の夜一二時頃に食べることに意味があるようでした。ああ、なんでお母さんは晩ご飯をいっぱい準備したのかとすごく疑問になりました。しかし、ここは夫の実家。日本の伝統的な文化なので、そして長生きのためというので食べないわけにはいきません。

来年こそは……

「少しなら食べられます」

年越しそばの存在を教えてくれなかった夫を横目で見ました。夫は憎たらしく知らんぷり……。

「え？　少しでいいの？　あんまり食べれないのね」

久しぶりに会った子どもだからいっぱい食べさせたいお母さんを裏切ってはいけない気がして、がんばって食べることにしました。

「まあ、普通で大丈夫です」

ツユを作ってそばをゆで、そこに私がすった山芋のとろろをのせました。はあ、私のおなかはどうなるのか……。

お正月にはテーブルの上に料理を並べ、先祖の霊に向かってお辞儀をします。屏風の前に並べられている六つの器にはトククが入っています。この器の数は、私の家系で今お祈りすべき先祖の数になります。

韓国は年（旧暦）を越すとき、そばは食べません。ガレトック（가래떡：餅の一種類で細長くて白い）を薄く切ったお餅でトクク（떡국：餅を入れて作るスープ）を作って食べます。お正月の日の朝に。それを食べると年がひとつ増えると言います。子どもの頃は二杯食べた一歳年下の弟が、お姉さんと年が一緒だと言い張ったりして大人たちを笑わせました。それが韓国の正月の朝の風景なのです。

今年も食べる量に失敗したなと思いながら、来年は絶対年越しそばが入るくらいおなかを空けとくと誓いました。でも、姑さんの料理はおいしいし、いっぱい作ってくれるから自信がありません。おなかはいっぱいでも、「たくさん食べれないのね」と聞くと本当に申し訳なくて食べてしまいます。

子どもにいいものをおなかいっぱい食べてもらいたい気持ちはどこの親でも同じです。

だから、正月太りは万国共通……。だと私は思っているのですが。

その3

おごるべきか、おごらざるべきか

割り勘という文化

「私は八〇〇円」

「俺は九〇〇円だね」

昼休みによく行く洋食屋の風景。

同じ会社に勤めている男女三人が楽しく食事を終え、会計をするところです。

別々に自分の食べた分だけ、お金を払います。いわゆる、割り勘です。

韓国だったらこんな場面でどんな会話が聞こえるか想像します。

「俺がご飯代払うよ」

「じゃあ、私はコーヒー買います」

たぶん、こんな会話になるでしょう。

そう、韓国では割り勘という文化があまりないのです。


私は日本に来て割り勘について驚きませんでした。さんざん日本では割り勘でお会計をすると言われてきたから、驚くことなんてありません。ただ、夫婦の仲でも別々に財布を持ち、一円まできっちり分けて払うのを見るとすごいとは思います。韓国でもそういう家庭はあるかもしれませんが、なんか寂しい気がします。

韓国の習慣

実は交際を始めたとき、夫が自分の実家に遊びに行こうと言ったので、交通費は夫が払うと思いました。交際しているし、向こうが誘ったし、私は留学生だったので、社会人である夫が払うと思いましたが、現実は違いました。

いつもとは言えませんが、韓国では「誘って承諾した」＝「費用も誘った側が多めに出す。誘ったから」という感じですけど、日本では「誘って承諾した」＝「費用を別々に払うこともお互い承知の上」という感じです。

韓国では、もちろん人によって違いますが、何かを食べるときもしくは映画を見るとき、誘った人が費用を出します。その後コーヒーを飲むとかお酒を飲んだら、そのときは誘われた人が出します。これは守らなくても誰かに捕まえられるわけではないですが、暗黙のルールです。

デートをするときは、一般的に男性が女性より多く費用を出します。また、先輩や年上の人も男女を問わず、多く払います。多く払うというか、全部おごるときが多くなります。

理由はひとつです。

年上と先輩もしくは男性は多く稼いでいると推測されるからです。

社会人になって大学の同級生が集まるときも一次会はみんなちょっとずつ出し合って払うときが多いですが、二次会は大企業に勤めている子が一人で払うときが多いです。また、女性同士で集まっても会計の金額が多くなければ一人が全部払います。順番をつけているわけではありませんが、みんな「今回は私が」と自然に順番に払います。もちろん、そんなことは知らんぷりしていつもおごってもらう人もいるし、女性だからといってまったく払わない人もいます。

酔った勢いで気前よく代金を払って次の日後悔する人を映し、そうならないように酔わない飲料を飲んだほうがいいぞというCMまであるくらいです。

韓国では女性は男性に守られなければいけない存在ですので、女性と会うときは男性だから当然払うんだと思う男性が多いです。もし、ソゲティン（소개팅：合コンの

男女二人きりバージョン）に出た男性が割り勘を提案したら、それはそれは大事《おおごと》になります。いくら女性が気にいらなくても、男としてやってはいけないことです。ケチだと軽蔑《けいべつ》されることは間違いありません。

たぶん、韓国の男性はすごく大変だと思う人が大勢いらっしゃると思います。私も同感です。

弟を見てもデートのためにはがんばるのに、家族にはぜんぜんお金を使いません。むしろ、姉である私をゆすって（？）デートの費用に充《あ》てるときもあります。社会全体がそんな風潮だから、彼女とのデートにお金を使うのは理解できます。それが男らしさをあらわすことだと思っているから。しかし、姉からお金をもらっておきながら平然としている弟の態度には、たまに頭を殴りたい気持ちになります。

先輩後輩の場合

しかし、割り勘での私の悩みは男女の問題ではありません。

サッカーを一緒に見る仲間には大学生が何人かいて、一緒にお酒を飲んだり、ご飯を食べたりします。

このときはどうすればいいか、すごく悩んだ時期がありました。

「ミリャン、そんなに悩まなくていいよ。バイトもしているし、学生割引といってちょっとずつ社会人が多く払っているから大丈夫だよ」

「でもね……」

自分の大学時代を思い出すと本当におごらなくていいのか、迷ってしまいます。

大学に入って三カ月はすごくお酒を飲みました。誰が一番長く連続でお酒を飲むか、賭けごとをした時期でした。一カ月毎日飲んだときだってあります。酒の場に先輩がいたら必ずおごってくれました。大勢の同級生といっせいにおごってとねだることが多かったですが、先輩たちは払わざるをえないことを知っていて居酒屋に現れてくれました。

これは代々受け継がれるもので、私の同級生も後輩に同じようなことをしました。彼らにとってバイトは後輩におごるためにやるものだったかもしれません。

しかし、考えてみると女性の先輩にはおごってもらった記憶がありません。私も後輩に一人でおごったことはない気がします。そのときも女性は例外だったわけです。

ある日、韓国人の大学生と会うことになりました。

彼女とは年齢が干支《えと》ひとまわりほど違うので、私がおごるのは当然でした。彼女もそんな感じでした。

それでサッカーの試合に誘うことになり、チケットを用意して彼女に渡しました。そしてその夜の食事代も仲間と一緒に彼女の分まで割り勘で払いました。

そのとき、彼女は元気いっぱいの声で「ご馳走様《ちそうさま》でした」とお礼を言いました。払うそぶりも見せないなんて図々《ずうずう》しいと日本の方は言うかもしれません。

しかし、これが韓国では当たり前のことです。

私だって同じ状況だったら同じことをしました。きっと。

こういうときは払おうとするのが、かえって失礼になります。年長者に払ってもらうことによってその人を立てます。

そんな文化です。

そうは言っても、その一度きりだけならまぁいいのですが、これからずっと私が払うのかと思うと、やはり負担になります。

もし、彼女が次サッカーを見たいと言ったら、そのチケットも私が用意しなければならないのか？　彼女は私に代金を払うのか？　払ってと言うべきなのか？　いろいろと考えてしまいます。

負担だけど、大学生だし……どうしたらいいかわかりません。

彼女がまたサッカーを見たいと言ってもないのに、こんな心配をしてしまいます。

そんな文化のもとで三〇年も暮らしたので、日本の大学生にお金をもらうのにもすごく抵抗がありました。

「でもさ、完全にもらわないと甘えちゃうのよ。それは今後のためにもよくない」

「そうだけど、人情的に抵抗があるからしかたないじゃない」

「俺も大学生はタダでもいいかなと思ったけど、そうしないほうがいいとみんなで決めたことじゃないか？」

たしかに、ずっとおごってもらうと、それが当たり前になります。ありがたさを感じなくなるのです。

自分もそうだったし、後輩がおごってもらうのを当たり前に考えるのではないかと心配になったときだってあります。それにお金がないときは本当に会いたくありません（笑）。

「わかってるけど、なんだかやってはいけない気がするのよ」

「あいつらはうちよりお金持ちよ。バイトもするし、親からお小遣いももらってるのよ」

「だけど……」

「うちが一番貧乏だよ」

そうかもしれませんが、先輩もしくは年上という圧迫は消えないものです。

なかなかその癖から抜けられなくて、困り果てるわが家の日々です。

その4

トイレとお風呂は一緒がいい！

つのるもやもや

私のもやもや感が頂点に達します。

「あ〜家、建てたい！」

「またなんで急に……」


いつの日か、一戸建ての家を建てるという野望は持ち続けている私です。

一所懸命掃除をして、サッカーを見るために早くスタジアムに行かなければならないのに、私は手を止めてダダをこねています。

「便器はいくら拭き掃除をしてもきれいにならない」

「十分きれいだよ」

「水をかけてブラシでごしごし洗いたいの！」

「わかったから今は早く掃除して。開門に間に合わない」


わが家は毎週土曜日、必ず掃除をします。出かける用事があったらその時間に合わせて早起きして掃除を済ませてから出かけます。そうでないと我慢ができないのです。

夫は幸い（？）家事全般をよく手伝う人で、掃除は当たり前のように一緒にやることだと思っています。私が家具や家電など、家に置いてあるものを雑巾《ぞうきん》で拭くと夫は台所の掃除を始めます。そして私が埃《ほこり》を落としたりする作業を終えると夫は掃除機をかけて床を拭く。その間、私はトイレとお風呂を掃除します。


今は順序よくさっさと掃除ができて二時間ほどで終えることができますが、結婚して二年くらいまではこんなにてきぱき掃除することができなくて、三時間、長いときは四時間も掃除をしました。

夫は夫なりにがんばるけど、私から見るとなんだかつめが甘くて、埃がそのまま残っているところがあったりソファーの下は拭かなかったりして、毎週掃除するときは喧嘩が絶えませんでした。今も私からすればちょっと手を抜いているように見えますが、すごくよくなっていることは事実です。

夫は結婚して一緒に暮らし始めた頃、毎週こんなに徹底的に掃除するなんておかしいと思ったらしいです。でも、私からすると平日にも掃除をする家庭はあるだろうから、うちはいくら土曜日がんばっても汚いほうなのです。今は夫も掃除してから、き

れいで清潔な部屋を見渡すことを楽しみにしています。きれいなことが気持ちいいと感じ始めたようです。

それでも、どうしても思い通りにきれいにできない部分があります。

それは便器と洗濯機！

便器を掃除するたびに韓国の母を思い出してしまいます。その理由は私の母がトイレを掃除するときに便器に水をかける音が遠くから聞こえる気がするからです。

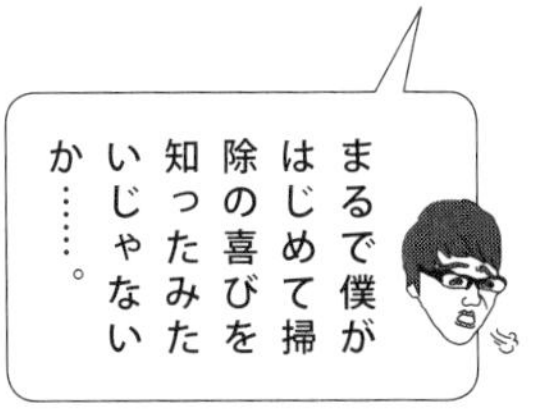
まるで僕がはじめて掃除の喜びを知ったみたいじゃないか……。

便器問題

「トイレがタイル張りだったらじゃんじゃん水をかけて洗剤をつけて掃除ができるのに。なんで日本はこんなトイレなんだろう。韓国みたいにトイレとお風呂を一緒にしてタイル張りにすればいいじゃないか」

「ええ？　ユニットバス？　いやだよ。ユニットバスは」

「それもさ、なんでいやなのかよくわからないよ。そもそも分ける必要があるか？」

「あるよ」

「私は家を建てたらトイレとお風呂を一緒にして便器に水をかけられるようにするわ」

「俺、絶対いやだ」

「なんで？」

「なんとなく。お風呂ですっきりするときに横にトイレがあるといやだから」

不思議なことに日本ではトイレとお風呂が一緒になっているユニットバスの部屋を好みません。そのせいでユニットバスの部屋はそうでない部屋にくらべて家賃が安いです。韓国ではユニットバスが当たり前です。

昔、ある日本人が韓国に住むことになって部屋を借りに回ったら、すべての家がユニットバスでびっくりしたと言っていました。そのときも思いましたが、韓国のユニットバスは日本のユニットバスとは違います。けっこう広いのです。

そのスタイルはアメリカの影響らしく、沖縄もトイレがタイル張りになっているとか。

ああ、タイル張りのトイレだったら水を豪快にかけるのに、ブラシでごしごしとで

きるのに……。

そして洗濯機問題

私のもやもや感をつのらせるものは便器だけではありません。洗濯機もそうです。ふたのところに残っている埃はいくら拭いてもきれいになりません。そして洗濯機を四つの突き出ている柱みたいなところにのせることになるから、その下にも埃がたまります。埃を水で流しても狭くてうまく流せないときは本当にもやもやします。いくら掃除してもきれいになっていない気がするのです。

「韓国みたいに洗濯室があってタイル張りにすれば上から水をかけて洗濯機も掃除ができるのに。埃もたまらないのに」

「ミリャン、今も十分きれいだから今日はここで我慢しよう」

「家を建てたらユニットバスにして洗濯室もつくるから！」

「あんた潔癖症《けっぺきしょう》だっけ？」

「違うわ。ほかの人に聞いてみなよ。埃が残っていると気持ちが晴れやかにならないわ」

韓国の友だちで、今日本にお姉さんが住んでいる子も、自分のお姉さんの家に行って違和感がしたと言っていました。それは便器をどうやって掃除するか、ということでした。彼女の疑問を聞いたお姉さんは、いろいろとトイレの掃除用具を見せてくれたそうです。

「そうよ。なんかね、水かけたくてしょうがないの」

「だからあんなに掃除用具が発達しているんだね。日本って。うちのお姉さんも水かけたいとは言ってた」

私がタイル張りのトイレがほしいと理由を長々と説明したら、友だちはこう言いました。たしかに、日本には便器を掃除する道具がいっぱいある。とくに一枚で便器がすべて拭ける布巾《ふきん》とか、とてもいい商品だと思う。それでも、水をかけてごしごしするよりきれいになるかというとそうではない気がする。私もそう思います。完全に気持ちの問題とは思いますが……。

ちなみに、友だちといつも大変と言い合うのは洗濯機に「サムキ（삶기：ゆでる）」機能がないこと。洗濯機にゆでる機能とはなんだろうと気になると思います。韓国では布巾と下着、とくにパンツはいろいろと菌《きん》があると困るから、殺菌するためによく大きい鍋《なべ》に水と洗剤、そして洗濯物を入れてゆでます。その作業が面倒なので最近はゆでる機能がついている洗濯機が多く出ています。私も日本に来たばかりの頃は布巾とパンツをゆでていましたが、面倒で最近はやっていません。それを聞いた友だちと母はすごく残念がっていました。

勝ち誇る夫

「でもさ、タイル張りのトイレがほしいからといって必ずユニットバスにする必要はないんじゃないの？」

「でもさ、ユニットバスじゃないとシャワーが届かないよ。どうやって水をかけるの？」

「蛇口《じゃぐち》をつくるとか、ホースを長くすればいい話じゃないの？」

賢い（？）夫の指摘。ぽかんとする私。

「そうだね。トイレだけタイル張りにすればいいんだ。そしてトイレを出たらすぐ洗面台があるように設計すればいい話だ。洗濯室もつくってトイレはふたつにして……」

「でもさ、ウォシュレットはどうする？」

「え？　なんで？」

「ウォシュレットには電気が必要だから、水かけたらまずいんじゃない？」

「ええええ？」

ウォシュレットは私が日本で一番気に入っているものです。もちろん、韓国でも使うのは使うのですが、ノズルをこまめに掃除しないとよくないと言って最近は外す傾向にあります。でも、冬にあんなに温かい便座に座れることはすばらしいこと。

そこまでは考えが及びませんでした。

「ミリャン、いろいろ不便で家を建てたい気持ちは理解できるけどさ、ちゃんと計画を立ててからね！　ウォシュレットが使えなくなるよ」

勝ち誇《ほこ》った口調の夫でした。

ああ、ムカツク！

Ⅳ いい大学さえ入れば人生幸せ!?

その1

本物の男と会えなくてもいい！

部活がない？

夏休みのある日、フットサル仲間四人と伊豆の夫の実家に遊びに行くことになりました。

旅行の計画を立てながら、伊豆にいる間みんなで遊ぶものがないかと考えていました。

そのとき、夫があることを思い出したのです。

「そういえば、家の前に町営のテニスコートがありますけど、そこでたまにフットサルをやっている人がいるので、フットサルもできますよ」

するとS君の表情がぱっと明るくなりました。

「え、テニスコートあんの？　いいじゃない、テニスやろうよ」

「いいね！　テニスやろう！」

みんなの賛成を受け、S君はテニスラケットを持ってくると言いました。さらにNちゃんもラケットを持っているから自分も持っていくと言うのです。

みんながテニスをやるのは久々だとか、楽しみだとか、盛り上がっているときに、私の頭の中にはふつふつと疑問が浮かび上がりました。

「みんなテニスやったことあるの？」

「部活でテニスをやったからね」

S君とNちゃんが答えました。

夫は陸上部だったから自分はテニスの経験がないと話します。今回みんなにテニスを教わってやってみたいと、意欲満々です。

「日本はみんな学校で部活ってやるの？　何歳くらいの話？」

再び素朴《そぼく》な質問を投げかける私に、今回はみんなの顔がきょとんとしてしまいました。

「え、韓国は部活やんないの？」

「韓国は文芸部とか、やりたい人はやっているけど、基本的に受験勉強で忙しいからみんなやらないよ」

私の答えに、やはりみんなが驚きました。

「ええ、そうなの？　じゃあ、漫画なんかでバスケ部の選手とマネージャーが恋に落ちるなんていう話はちょっと現実的にはありえないのかな？」

「まあ、そもそも共学の高校も少ないし、共学だったとしてもほとんどのクラスが男女でわかれているからね」

実際に、韓国の実家の周辺にある一〇校近くの高校のうち、男女共学の高校はひとつしかありません。

「じゃあ、バスケとか陸上とかやったことないんだ。マラソン大会もやったことないの？　運動会は？」

「運動会はやるけど、マラソン大会はないね。そもそも、疲れるだけなのになんでマラソン大会なんかするの？」

これにはなぜかみんな強く同意しました。

日本の少女漫画を読むと、運動部に好きな男の子ができた女の子がマネージャーをやりながらその男の子と紆《う》余《よ》曲折《きょくせつ》の末、恋に落ちるというのが王道の筋書きです。

しかし、韓国ではそれがありえません。まず、共学ではないし、運動部もありません。

いや、正確には運動部がないわけではありませんが、そこに所属している人は将来プロ選手になることを目指している、エリート的な選ばれた人がほとんどです。

では、韓国の高校生は恋に落ちることがないのでしょうか？

勉強、勉強、勉強！

私が高校に通っていたときは、七時半に登校して二二時まで学校にいるのが普通でした。

授業自体は一六時くらいに終わるのですが、二二時までヤザ（야자：夜間自習の略語）があります。学校側は、居残り自習をするかどうかはあくまでも生徒が自由に選ぶことができると主張していますが、先生の顔の迫力に負けて一〇〇パーセントの学生が自習を申し込みます。今は一六時に終わってほとんどの学生が家に帰る（家に帰るのか、塾に帰るかはわかりませんが……）らしいですが、私の高校時代、十数年前は二二時に終わるのが常識でした。

さらに勉強する学生は二二時に学校が終わった後、読書室（勉強するスペース。お金を払う）や塾に行ったり家庭教師と勉強したり、床に入るのは午前一時か二時になります。

中間テストや、期末テストは一週間かけて行われ、最後の日は一一時か一二時に終

わるので、試験の結果がどうであれ、開放感に溢《あふ》れたその日が一番楽しいものでした。

「じゃあ、夏休みとかには自由に時間を使えるの？」

その答えもＮｏ！　です。休みは日本と一緒で一カ月程度ありますが、その半分は学校で補習授業を受けなくてはなりません。もちろん全員で。それが当たり前でした。

「え？　そんなに勉強するなら、みんなソウル大学いけそうだけど……」

七時半から二二時まで……一日一四時間半はけっこう長い時間です。日本の忙しいサラリーマンでさえ、そこまで仕事をやる人は少ないのではないでしょうか。そこまで真面目に勉強したら、韓国のトップ大学であるソウル大学（日本でいえば東大）や、その少し下のレベルの大学には進学できそうと思いますよね……。

しかし、私を含めクラスのみんなや私の友だちは、ソウル大学は語るに及ばず、そのすぐ下のレベルの大学にも入れませんでした。

なぜならば、そこまで勉強に時間をかけても、すべてが身になってちゃんと吸収されているかというと、当然そんなことはありえないからです。

受験勉強の息抜きいろいろ

学校での自習のときは先生の目が光っているため、おしゃべりこそできませんでしたが、ラジオは聞くことができました。そこでみんなさまざまな音楽にはまったり、ときには野球中継を聞いたりもします。おかげで、野球のルールはそのとき覚えることができました。

また、私が高校生のとき、ちょうど大学バスケが超人気でした。ラジオでその情報を仕入れ、バスケットボール選手のブロマイド写真などを集めたり、好きな選手がいる大学に合格したいと願ったり、いろいろと情熱を注ぎました。私はそうやってスポーツに興味が傾きましたが、もちろん、普通のアイドルに夢中になる子、学校の先生に恋する子、男勝《まさ》りの格好いい先輩女子に禁断の（!?）憧れをもつ子など、今考えるとほんとうにさまざまなことに一所懸命になっていました。

とくに私の学校では独身の男性教師が一人しかいなかったため、その先生の人気はダントツでした。今思い出してもとてもイケメンとはいえず、背も小さく顔がジャガイモみたいで、あだ名までジャガイモと呼ばれた先生でした。しかし、学校ではもの

野球だけ妙に詳しいのはこういう理由か。

すごい人気を誇りました。まあ、中には結婚している先生でも好きになる子もいましたけど……。

　考えてみたら、本物の男性に接するチャンスは学校外の塾か読書室だけでした！

　日本の女子高生たちは、将来結婚することを妄想して好きな男の子の苗字に自分の名前をつけてみて、似合うかどうかを楽しんだりしていると友だちから聞きましたが、韓国の女の子たちは男の子と接する機会が少ないので「〇〇グループの▲▲オッパ（오빠：お兄さん）がテレビに出るから、見ないと」と騒ぐのがせいぜいです。

　しかし、こんなに息苦しい高校生活も、友だちとアイドルの話や先生の悪口（？）を語り合いながら克服《こくふく》します。

　たまに四月一日（エイプリルフール）のようにちょっとしたイベントのある日は、先生に「初恋」の話をするように誘導《ゆうどう》したりして、授業をサボりました。

　毎日お母さんが昼用と夜用のお弁当を二つ作ってくれましたが、その両方を昼休みの前に全部ぺろりと食べて、結局夜休みの時間に先生の目を盗《ぬす》んで禁断《きんだん》の「校門抜

け」をして、学校前の売店で夜食を食べました。そのときの味は、もはや言葉では表現することができません!!

学校前の文房具屋で、家業を手伝いにきた大学生のお兄ちゃんと目が合ったときは、有頂天にもなりました。先生の目を盗んで漫画も読みましたし、居眠りして手の平を棒で叩かれたことも数知れません。

高校時代に本物の男と会えなくてもいい! 大学さえいいところに入っちゃえば、これからの私の人生は幸せ!

そんな夢を見ていました。だから耐え切れたのかもしれません。

しかし、高校を卒業して大学に入学した後は、就職という大きな壁にぶつかることを、そのときの私たちは知る由《よし》もなかったのです……。

その2

お受験狂想曲

修学能力試験

毎年一一月頃、韓国ではとある戦いが繰り広げられます。いや、正確に言えばもっと昔に始まっていたと言えます。人によっては何年も前から戦いが続いていると言っても過言《かごん》ではないのです。

そう、その日は、修学能力試験の日です。

韓国の修学能力試験とは日本でいう「センター試験」にあたります。異なる点といえば、日本ではセンター試験を受けなくても入学できる大学は多くありますが、韓国では修学能力試験（以下、修能）を受けなくてはほとんどの大学に入ることができないことです。つまり、大学進学を志す戦士（学生）たちには避けては通れぬ道というわけです。

韓国の試験でもっとも重要である試験と言えるので、カンニング対策などに万全を期し、全国の中学校などでいっせいに行われます。自分の戦場（受験会場）は前日に通知されるなど、徹底しています。

八時四五分から一七時三五分までの間に、国語、数学、英語、理科、社会などの科目の問題を解きます。今は選択科目があるらしいですが、私が受験した頃は修能ができたばかりで、選択科目はありませんでした。

一九九四年にできて以来、時代の変化とともにいろいろとルールが変わって現在の詳細はよくわかりませんが、一日中行うこの試験が高校三年生にとって過酷《かこく》であることは時を経ても変わっていないと思います。

なぜならば、この試験で得た点数こそが、自分の選択できる大学のレベルを左右するからです。

人生の一大事であることは間違いありません。

試験の遅刻にパトカー出動

ここまで話しても、夫はいぶかしんだ顔を変えません。

「それはわかったんだけどさ、だからといってパトカーまで動員して学生を試験場に連れて行くのはよくわからんなぁ」

韓国の受験の映像が情報番組で流れ、夫が長年の疑問を投げかけてきました。なんでも話を聞くと、日本では毎年のようにそうした映像がテレビで流れるらしいです。

たしかに、日本ではなかなかお目にかかれない光景であります。

そこで懇々《こんこん》と修能の重要さを説明しましたが、それでも夫は納得がいかないそうです。

「え？　今まで何を聞いてたの？　一大事だよ、人生の！　遅刻したら扉が閉まって試験場にすら入れないの。そうすると、その学生は浪人することになるよ。何年もがんばってきた努力が水の泡《あわ》になっちゃうじゃない」

「いや、それはわかるんだけど、遅刻するのは自分の責任でしょ。そんな大事な試験日に遅刻するってことは気が抜けているってことだよね。そんな人のために税金を使ってまで手伝う必要があるか？　結局そういう人は試験を受けてもいい点取れないと思うけど」

実は、私も、私の友だち、知り合いにも遅刻した人はいないので、正直、遅刻する人の気持ちがよくわかりません。

あれをはじめて見たときには本当にびっくりでした。

私はそんなに勉強に熱心な子ではなかったのですが、いい大学に入りたい気持ちは他の子と一緒でした。なので、普段学校へ登校するときはしょっちゅう遅刻しましたが、修能の日は早起きして行きました。

なんで遅刻してしまうのか？　これをきっかけにネットで調べてみることにしました。

すると、私と同じように疑問に思う人が大勢いるらしく、ネット上の掲示板サイトに質問が寄せられていました。

そこから分析するに、夫のように大事な日に遅刻するなんて本当にみっともないという人が多かったです。

しかし、中には一大事への緊張のせいだと擁護《ようご》する人もいました。試験前日にあまりの緊張で眠れなくて寝坊《ねぼう》する場合やおなかを壊すなど、体調を崩したりと、遅刻の理由は多岐《たき》にわたりました。

また、普段から行きなれた場所で試験を受けるわけではないので、家を早く出ても迷ったりする人もいるそうです。ソウルには歩ける範囲に学校がありますが、地方に行くと少ないので、試験場に行くのが困難なこともありえます。

社会全体が「戦士」の味方

韓国では修能の日だけは、社会全体が受験生の味方になります。

たとえば、ほとんどの会社は、出勤時間をずらします。電車の混雑などを防ぎ、受験生がスムーズに試験場に行けるようにするためです。ある人は会社が出勤時間をずらさなかったので、受験生に邪魔《じゃま》にならないように普段八時に電車に乗るところを、一時間早くして七時に乗ったと言いました。なんという配慮《はいりょ》でしょう。

また、パトカーは遅刻する学生を乗せるだけではなく、受験票を家に忘れたとお母さんが知らせると試験会場まで届けてくれることもあるそうです。それ以外にも消防署や街を通る車などに助けを求めると乗せてくれます。全国ではありませんが、ある市では障害者の場合、１１９に電話すると試験場まで連れていく予約までできるとありました。

「ええ？　予約までできるの？」

夫は今日一番のびっくりした表情になりました。

「日本だと予約できないよね」

「だって、それは警察や消防の本来の仕事ではないし、もしその人が呼び出したことによって事件の現場に行けなかったり、怪我人《けがにん》を搬送《はんそう》できなかったりしたら問題でしょ。日本ではいたずら電話だと思われると思うよ」

「え？　そこまで？　韓国では受験日だけ学生を運んだってそこまで問題にならないよ。一日のうち、二〜三時間だけだし」

「じゃあ、いざそういう事態になって、そんな理由で救急車が来れませんでしたといったら腹立たない？」

「受験生を運ぶ人と事件に取り組む人は分けていると思うけど」

「だとしても本来の仕事をする人が減るっていうことには変わりないじゃない？　その隙《すき》を狙《ねら》って犯行が増えたりすることってないの？」


そこまで考えたことはありません。

ただ、かつて自分が同じ思いで潜《くぐ》り抜けたからこそ、こんなにも国民が一致団結《いっちだんけつ》して（?）受験生を応援するのだと思います。

消防署の隊員も警察の関係者も、ニュースのインタビューで、受験生の力になれるからとても嬉しいと言います。それが自分たちの、市民の生活をよくする義務のひと

みんながその気持ちを知ってるってことなんだね。

つだとも言います。

試験が行われる学校には受験する自分の学校の先輩を応援するために後輩たちが駆けつけて一所懸命応援合戦を繰り広げます。テレビで見たことがある人もいると思いますが、全国であぁいう応援をします。応援メッセージを書いたボードを作って、温かいお茶と大福みたいなお餅《もち》を配ります。餅は粘《ねば》り気があり、壁などにはりつきます。それを韓国ではブッヌンダ（붙는다：貼れる）と表現しますが、試験に合格することも、意味は違いますがブッヌンダ（붙는다：合格する）と同じ発音になります。なので、餅をゲン担《かつ》ぎとして考えて、みんな試験の前にその餅を食べます。飴も同じような理由で食べます。日本の「ウカール」や「キットカット」と一緒です。

韓国の受験は人生に一度きり

日本は中学に入るのも高校に入るのも受験をしますが（小学校もあるとか!?）、韓国は中学校と高校は家から近い場所に決まってしまいますので（試験がありますが、難しくありません）、修能までは受験というものを経験しません。だから余計にこのたった一度の〝受験〟に力が入ります。

親は子どもが一二年間努力してきたことをたった一日で決められると思うと、かわいそうで涙が出ます。私の親は学校まで来てはいませんが、試験終了後、妹が全国的に有名な塾が作った解答用紙を持って私を待っていました。そのとき、妹は涙で顔がくしゃくしゃになっていて、私ももらい泣きしました。

　実は、そんな一所懸命な妹に対して、私ときたらお弁当を食べた後の試験で睡魔《すいま》が襲《おそ》い掛かり、試験時間二時間のうち一時間ぐらいを居眠りしたのが申し訳なかったわけでもありますが……。話がそれますが、そのとき私は解答用紙にマークするペンで、問題用紙に居眠りしながら何やらわけのわからないことを書き込んでいました。気づいたときには、すごくヒヤッとした記憶があります。

　また、私も妹が試験を受ける日は親の代わりに試験場までついていき、「がんばれ」と言いながら泣いてしまいました。私の涙を見た妹はその残像が残ってしまい、最初の科目である国語でひどい点数をもらったとか……。まあ、そんな感じで受験生を持つ家族は、その日いても立ってもいられない状態になり、校門の前でお辞儀《じぎ》とかお祈りをするとか、仏様や神様の力に頼るためにお寺とか教会に行って祈ったりもします。高校三年生の子どもを持つ親は「ジェイン（죄인：罪人）」というくらいなので、その

苦労は想像を絶するのではないでしょうか。受験に響くから子どもの気を損ねる言動は禁止だし、何でも子どもに合わせなくてはいけません。本当に罪人です。

こんなことを知っているからこそ、また経験しているからこそ、みんな受験生にはやさしくし、彼らの持っている力を思うぞんぶんに発揮できるように応援するのだと思います。この一日で人生が決まってしまうと学生本人も認識しているし、親もそう思います。

受験の制度や重みから考えても、日本と韓国はずいぶん違います。そんなことだから、おそらく日本人である夫にはとても理解しがたい話でしょう。

わが家の子どもの将来は……

韓国は学歴社会です。

戦争が終わってお金持ちになれる道は勉強しかなかったからです。あるいは、お金がなくて勉強したくても進学をあきらめなくてはならなかった人々は、自分の子どもは自分とは違うように生きてほしくて勉強を強要します。うちの親は放任主義で「勉

強しろ」とは他の家庭とくらべて強く言いませんでしたが（しかし、弟はけっこう言われました）、ちゃんと勉強できるように、学校が終わる二二時にほぼ毎日迎えにきてくれました。そして方向が一緒の友だちも家まで送ってくれました。いつも寝坊がちな娘だから、朝も送ってやれないときはタクシー代を出してくれました。タクシーが好きな私の性格はこのとき形成されたとも言えます（日本のタクシーは高くて今はとても使えませんけど）。家が裕福だったわけではありませんが、塾も、家庭教師も、お母さんとお父さんは自分のことは我慢しながら通わせてくれました。だからこそ受験日がさらに重要になったのです。

　いわば、受験の成功は最大の親孝行でもあります。

　ひとしきり議論をかわした後、夫は残念そうな顔をしました。

「ミリャンは、子どもができたら絶対勉強しろとうるさくしそうだよね。うちの親がそうだったけど、それよくないよ」

「そんな勉強させるつもりはないよ。ただ、英語と韓国語はしっかり覚えさせないとね。英語ができれば何とかなるんじゃないの？　それに第二外国語ができる子は韓国の大学に入りやすい。日本で勉強ができなければ日本語の成績で韓国のソウル大学に

入れるようにがんばらせるわ」

「ええ？　やっぱり、勉強しろとうるさく言いそうじゃん……」

「別にいい大学を卒業しても損することはないから」

いい大学に入っていいところに就職していい伴侶《はんりょ》に出会って……。

やはり、三〇年間韓国に住んでいたからか、骨の髄《ずい》まで学歴社会がしみこんでいます。一所懸命に自分の受験論を披露《ひろう》する私でした。

その3 TOEICの点数は高くても……

五回以上受けたＴＯＥＩＣ

　ある日、ニュースで、就職のためにＴＯＥＩＣを受ける人が増えたと報道していました。試験でいいスコアを獲得するために塾に通う人も増えたそうです。

「え？　日本でもＴＯＥＩＣが就職の必須項目になったのか」

「まあ、そういう傾向はあるみたいだね」

「友だちに聞いたときは就職するのに履歴書にＴＯＥＩＣの点数を書く欄《らん》はないと聞いたけど」

「まぁ、必ず書かなくてはいけないということではないんじゃないかな」


　説明しなくてもご存知だとは思いますが、ＴＯＥＩＣとは国際コミュニケーション英語能力テスト（Test of English for International Communication）の通称です。九九〇点満点で、聞き取りが四九五点、読解が四九五点です。全部で二〇〇問にもなる英語の問題を二時間くらいで解かなければなりません。聞き取りはだいたい四五分で読解が七五分です。

……私がこんなにTOEICに詳しいのはわけがあります。
韓国にいるときに五回以上受けたことがあるのです。

韓国では就職するために必ずTOEICの点数を履歴書に書かなければなりません。TOEICの点数がなければ日本語か中国語の試験の点数を記載します。

つまり、就職に外国語の能力が必須になるということです。

韓国では企業が新入社員を採用する際に、まずネットで広告を出します。大きい企業だと専用のフォームがあり、指定のサイトに入って自分の詳細な情報をフォームに入力して応募します。

そこには生年月日、学歴、履歴、そしてTOEICと資格などの情報を書く欄があります。また、自己紹介書といってだいたい五つの項目を長々と書かなければいけません。会社によって書く項目の内容は違いますが、最初の項目は「尊敬している人物とその理由」とか「成長背景」を書かされることが多いです。これがすごく面倒で、文章力のない人は他の人に頼んだりもします。

だから、就職の時期が近づくと、大学生たちはTOEIC、自己紹介書がうまく書ける方法、面接の勉強会を開いて猛烈《もうれつ》に勉強します。

韓国は国際的な人材育成に熱心なんだね。

面接も自己紹介書も重要だけど、大学生たちが一番力を注いでいるのはやはりＴＯＥＩＣです。

今は入力フォームからＴＯＥＩＣの点数を書く欄が削除されたとも聞きましたが、昔韓国の大企業であるサムスンではＴＯＥＩＣの点数が八〇〇点を超えないと入力した情報が人事担当者に届かないという噂さえありました。真偽《しんぎ》はわかりませんが、ＴＯＥＩＣは就職の最重要ポイントでありました。たぶん点数が評価に直結し、手っ取り早く自分を有利にできるから、みんなも受ける気がします。

点数で評価
が出るから、
わかりやす
いのかもね。

ＩＭＦで始まった無限競争社会

韓国でこんなにＴＯＥＩＣがブームになったのも一九九七年以降です。何もかもがＩＭＦの介入で変わってしまいました。

ＩＭＦとは国際通貨基金（International Monetary Fund）です。一九九七年、韓国は国家的な破産を免《まぬか》れるため、ＩＭＦに援助を求めることになりました。その過程で、ＩＭＦが提示する要求を全部のむようになり、新自由主義（市場競争の原理によって社会を動かしていくのがいい、という考え）が急速に拡大するようになりました。その事態を組織名であるＩＭＦと呼ぶのは間違いですが、韓国ではよくＩＭＦと呼びます。

つまり、経済状況が厳しくなり、ＩＭＦに援助をもらうようになってから無限競争社会に突入してしまったということです。そのため、学歴とともに語学（とくに英語）力がものを言うようになりました。そこからみんな海外に英語を勉強しに行きましたが、私もそのブームに乗ってカナダで半年間留学らしきものを経験しました。

語学が人の能力を判断する基準になってからＴＯＥＩＣが急に浮上したわけです。

ソウルのど真ん中に鍾路《ジョンロ》という地域がありますが、そこに行くとＥＴＳというＴＯＥＩＣを主催する会社のビルがあります。本当に立派なビルです。

ある日、友だちと一緒に鍾路を歩いていたらそのビルが見えて、友だちが「あのビルは私のお金でできている」と言いました。その気持ちがよくわかったので、おもしろくて笑いが止まりませんでした。本当にＥＴＳの入っているビルがＥＴＳの所有物かは定かではありませんが、私たちはいいところに就職するために、ＴＯＥＩＣでいい点数をもらいたくて、何回も試験を受けました。その金額は大変なものです。

実はＥＴＳだけではなくて、隣にあるＰＡＧＯＤＡという英語アカデミーのビルも

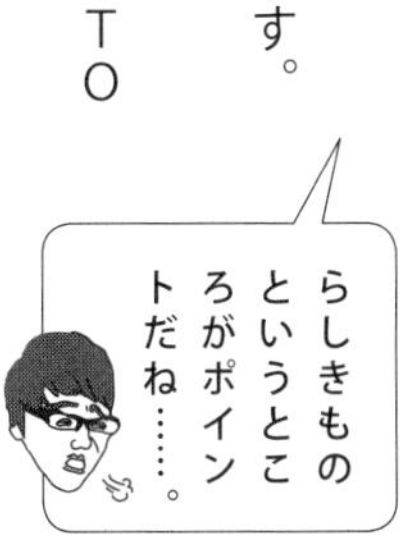
らしきものというところがポイントだね……。

同じように、あっちこっち、土地代の高いところにできています。私も英語に対していくら落としたか覚えていません。

友だちの話は実に言い得て妙で悲しくもあり、とてもおもしろかったです。

だから、日本では就職するときTOEICの点数が必須ではないと聞いてびっくりしました。就職するのにTOEICがいらないとは。

大いに違う！

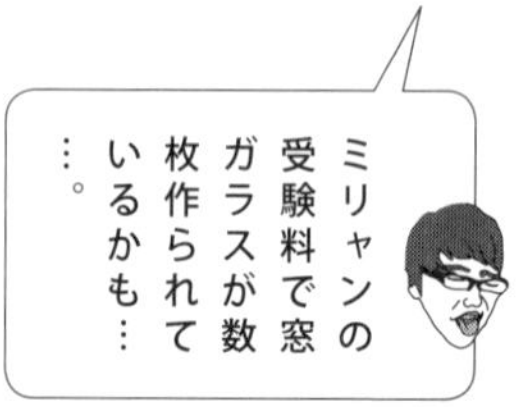
ミリャンの受験料で窓ガラスが数枚作られているかも……。

調べてみると日本でTOEICを受ける人口は韓国を上回りますが、韓国は毎月約三六〇カ所の中学と高校で試験が行われます。ほぼ毎回一クラスが埋まります。試験が終わると社会人らしき人たちが学校から出てきますが、その光景はすごく不思議な雰囲気です。

何のためのTOEIC？

韓国には国際的な企業が多いからTOEICを能力の判断基準にすると思う人がいるかもしれません。しかし、一生英語を使わないような仕事をする企業でもTOEI

Cの点数は必ず必要です。なにかにとりつかれたみたいにTOEICに夢中になっています。

「三カ月勉強したら七〇〇点くらいすぐ取れるわ。八〇〇点もちょっとがんばったら取れるわ」

夫はまた堂々と大きな口をたたく私が信じられないらしいです。

「またそんな適当なこと言って」

「本当だよ。韓国のTOEIC教材で勉強したらすぐ取れるよ。コツがあるのよ。コツが」

「コツはあるだろうけど、みんながそんなにすぐ英語ができるようになるか」

「英語ができるようになるんじゃなくて、試験でいい点数をもらえるようになるのよ」

「はあ?」

これでは、もはや何のために英語を勉強するのかがわかりません。

二〇〇七年、私が最後にもらったTOEICの点数は九四〇点です。どこの履歴書

にも堂々と書ける点数です。そうとうな英語力を期待できるはずです。

もちろん、ＴＯＥＩＣでいい点数を取るためにけっこう努力しました。カナダに行く前の三カ月間は毎日三〇〇個の単語は覚えたし、帰ってきても試験対策の問題を何回も解きました。韓国で出る参考書を努力してマスターすればいい点数が取れるはずです。これは絶対です。その理由はコツが全部書いてあるからです。

しかし、私は英会話が苦手です。とっさに言葉が出てこないし、スムーズにしゃべることはぜんぜんできません。それなのにそんなスコアを取ってしまったものですから、英語は何でもわかっていると誤解されます。いくらいい点数だって、全部わかっているはずがないのにです。

実はこんな悩みは私だけのものではありません。

しばしばＴＯＥＩＣが九〇〇点を超えていい会社に就職したけど、海外からかかってきた電話に対応ができなくて恥をかいた人の記事を見かけます。「自分の金でビルが建った」と言った友だちは、ＴＯＥＩＣの点数は八〇〇点以上です。彼女は国際弁護士であるだんなさんについてアメリカで暮らしたことがありますが、そのときに電話をすると、英会話ができなくてとても憂鬱《ゆううつ》な生活を送っているといつも言いました。

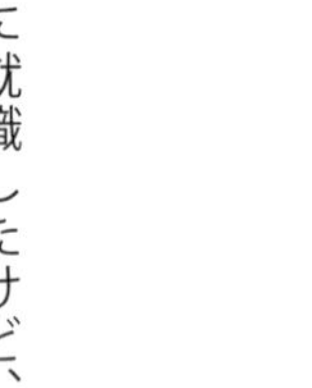

どうしたら英会話の能力が伸びるか悩んでいました。

そんな苦労をこれっぽっちもわかっていない夫は、私のＴＯＥＩＣスコアだけを知っているため、わからない英語が出ると必ず聞きます。

私の点数を知っている友だちの前で聞いてくると本当に困ります。

「いや、最近は日本語しか使わないからよくわからない」

わからないことを聞かれるとつい弁明口調になってしまいます。

私は英語がすごくできるわけではなくて、ＴＯＥＩＣでいい点数が取れるだけなんです！

試験でいい点数を取る、そしていい会社に入る。

しかし、いい点数を取っても英語を使うチャンスはあまりないし、いざ会話をしてもあまり成り立ちません。最近は私みたいなＴＯＥＩＣの点数だけよくて会話ができない人がいないようにＴＯＥＩＣ　Ｓｐｅａｋｉｎｇもあるそうです。

本当に世間は日々進化するのですね。

詐欺だよ、詐欺！

また新しいビルが建ちそうだね。

V

男は兵役、女は整形

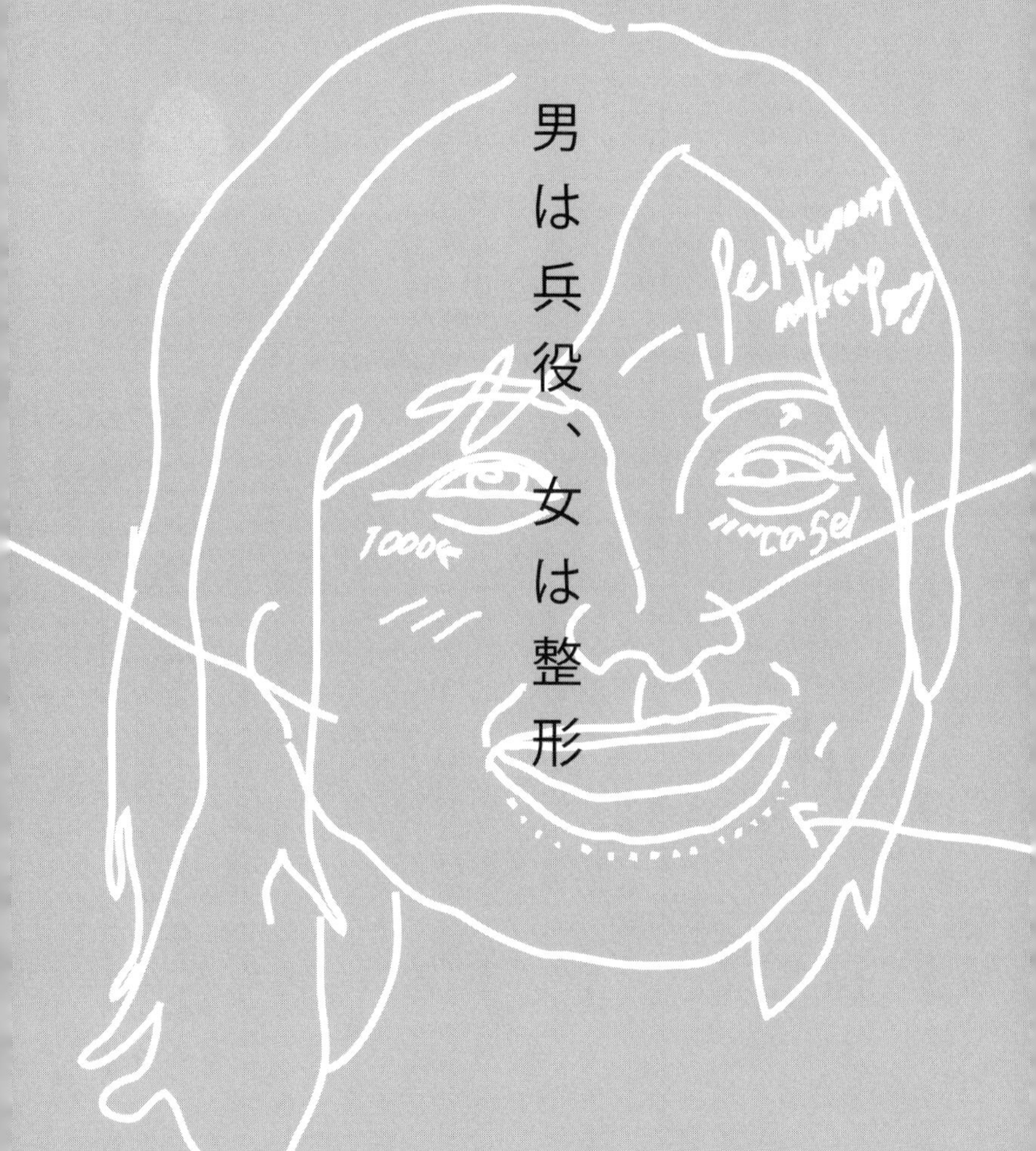

その1

兵役ラプソディー（前編）

若者たちの兵役とロマンス

韓国の男たちの宿命、兵役。

兵役の義務がない日本ではどんなものか想像がつかない人が多いと思います。とくに自分の好きな韓流スターが軍隊に入るというニュースを見ると、心配でしかたないという女性も大勢いらっしゃるかもしれません。

まず、若者たちにとって兵役とは一般的に以下のようなものです。

楽しい大学生活が一年終わり、二年生になった途端《とたん》に周りの顔ぶれががらりと変わります。しかも、男の子たちだけです。なぜならば、同じ学科の男の子たちが兵役を申請して次々と休学してしまうからです。その代わりに、二～三年前に兵役に行き、任務を終えて復学した先輩たちが次々と戻ってきます。女学生は、年上の復学生と一緒に授業を受けることになります。

大学に入学すると同じ年か一個上の先輩とつきあうことが多いですが、その人たちが軍隊に行くと別れてしまい、その代わりに復学してきた同じ学年の年上の先輩とつきあうようになります。また、軍隊に行った男の子たちも、学校に戻ってきたら後輩と当たり前のようにキャンパスロマンスを楽しみます。

　これが普通の循環であります。

　兵役には満一九歳から申請ができて三〇歳くらいまでに必ず申請を済まさなければなりません。

　芸能人などは三〇歳まではさまざまな理由、たとえば、大学院、ドラマの撮影などで延ばす場合も多いのですが、一般の人は大学二年生のとき行く場合が多いです。私の実家の場合、私、弟、妹という兄弟構成で、年齢が近いため、私が大学四年生になるときは弟が二年生になり、妹が大学に入学する予定でした。三人の子どもを同時期に大学に行かせることになり、さすがに負担が多すぎた両親は、弟に兵役に行くよう提案しました。兵役が終わり、弟が学校に戻る頃には私が大学を卒業するからです。

　ちなみに、話の流れからわかる通り、女の子には兵役の義務はありません。もちろん、志願して入隊するのは自由です。

若い人の恋愛も忙しいね。

ミリャンが軍隊に入ったら鬼軍曹になっていたかな……。

兵役の仕組み

兵役に関して、もう少し実務的な説明をします。

韓国の男の子たちのもとには、ある年（弟は二〇歳のときに来たらしいです）になると日本の防衛省にあたる兵務省から身体検査の通知が届きます。通知に記された日付に指定の各兵務省に行って検査を受けます。その結果により、一～七のランクに振り分けられます。一～三ランクまでは身体に問題がないので普通に兵役に行くことになります。四ランクは公益勤務要員になって二年くらい市役所などで働きます。五ランクは第二国民役になって兵役は免除されますが、戦争になった場合は徴兵されます。六クラスは免除で、七クラスは再検査を受けることになります。

また、軍隊に行くためには、正規の教育を受けなければなりません。現在では最終学歴が中学卒業以上でないと行けません。昔は極端《きよくたん》にやせたり太ったりしている場合も行くことができませんでした。また、障害を持っていても行くことができません。精神科への通院歴があっても行けません。などなど、さまざまな理由で行くことができなくなります。

……いや、行かなくてよくなるというべきでしょうか。

一般の人が四~五ランクをもらうと、体に問題があるというか、韓国内では男としてちゃんと機能していない（?）扱いを受けることになります。

兵役免除もつらいもの

そんなことが、私の身近なところで起こりました。

私の大学の友だちは、みんな一度は兵役のことで彼氏と悲しい別れを経験したことがありますが、私の場合、それがありません。彼氏がいなかったわけではありません。兵役を終えた彼氏が多かったわけでもありません。

そう、私の彼氏は軍隊に行けない身でした。大学入学後に私とつきあい始めた彼は、幼少の頃、お兄さんと喧嘩をして片方の耳の鼓膜《こまく》が破れ、聞こえなくなってしまったのです。

彼は軍隊に行くことを恐れていました。二〇代前半、人生で一番楽しくて輝く時期

に二年間も拘束《こうそく》されてしまうのだから、みんなそうだと思います。

過ぎてしまうとどうってことのない二年間かもしれませんが、その年ごろには人生の一大事であります。それに好きで好きでたまらない彼女が寂しさのあまりに他の男に行ってしまうことも容易に想像できます。韓国では彼氏が兵役にいる間に別れることを「ゴムシヌル　コックロ　シンタ（고무신을 꺼꾸로 신다：ゴム靴をさかさまに履《は》く）」と言います。語源はよくわかりませんが、とにかくこんな表現をします。

結局、激しい訓練によってひとつしか残っていない聞こえる耳が聞こえなくなる可能性があることから、彼は身体検査で五ランクをもらって兵役を免除されました。免除のためには、権威《けんい》のある病院で耳が聞こえないことを証明できる正式な書類を用意しなくてはなりませんでしたが、彼はその書類をもらって免除を果たしました。

韓国では兵役を免除された人を「シヌ　アドゥル（신의 아들：神の子）」と呼びます。それくらい、みんな軍隊に行きたがらないのです。その当時、彼は周囲から羨望《せんぼう》の眼《まな》差《ざ》しを集めました。反面、兵役を免除された、つまり体に何か問題があるという事実から、肩身《かたみ》は少し狭くなってしまいました。

日本に生まれてよかった。

私とは性格の違いで二年生になったある日、別れました。

二年生になって自由に授業を選択できるようになり、彼と顔を合わせることすら滅《めっ》多《た》にありませんでした。それでも彼の噂はいろいろと風に乗って私のもとへ舞い込んできました。

どうやら二年生になり、精神的に不安定になってしまったそうです。友だちがみんな軍隊に行ってしまい、ひとりぼっちになったのが不安だったようで、寂しさもあったでしょう。結局二年生が終わった後、休学をしてしまったということも知りました。

女が嫌う話ベスト3

その後、兵役から同じ年の男の子たちが戻ってきても、元々の友人である彼らと打ち解けることも難しかったようです。なぜなら、韓国の男は集まると軍隊の話を必ずするからです。上官がどうだったとか、私は軍隊でこんな経験をしたとか、あんなに行くことを嫌がっていたことが信じられないくらい、みんな聞きもしないのに軍隊の思い出話をします。

それは社会人になっても同じで、会社の上司とどこの部隊出身だとかで話がけっこう盛り上がり、兄弟同然のような雰囲気になります。ときには、そんな話がきっかけで人脈ができます。軍隊の中でも海兵隊はさらに仲間意識が強く、先輩後輩の関係も厳しいですが、人脈は強固なものになります。

そのため、韓国の女の子にとって男がする嫌いな話ベスト3は、

3位：サッカーの話
2位：軍隊の話
1位：軍隊でしたサッカーの話

となっているくらいです。

つまり、兵役に行った男たちは同時期ではないとはいえ、自由を奪われ、同じ苦しみを味わった経験を共有できる仲間同士なのです。女子からすれば、お酒の席で聞く「軍隊話」はもっとも辟易《へきえき》する話です。とにかく、耳にタコができるほど聞かされます。そういう席で軍隊の話を始めるかどうかで、オジサンと青年の区別がつくと言われています。

かくして、兵役に行かなかった彼は、結束を深めた男たちの世界に飛び込むことができなくて苦しむようになったのです。

兵役問題の難しさ

また、芸能人でも無理矢理兵役を逃れようとして人生を棒に振った人は少なくありません。

あるすごく人気の歌手がいました。

国民的に人気があってみんな彼のことが大好きでした。アメリカで育ったので二重国籍だった彼は、国籍の話題になると、必ず韓国の国籍を取得して軍隊に行くと宣言していました。しかし、その時期になってみると結局アメリカの国籍を取得しました。

このことで、国民（とくに男性たち）は彼を大いに批判しました。

もし、彼が軍隊に行くと宣言さえしなかったらそこまで批判されなかったと思います。しかし、彼は常に「兵役に行く」と言っていたので、アメリカの国籍を取得した後は韓国に来ることすらできなくなりました。彼の心情からではなく、国から「入国禁止」処分を受けたのです。

アメリカの国籍を取得してから韓国に入国しようとしましたが、空港の入国管理局で阻《はば》まれてしまったのです。この処置に関する是非はとりあえずさておいて、それほど、韓国の男性たちの怒りはおさまらなくなっていました。そんなことがあってから、アメリカ育ちで韓国人の血が流れる男性歌手が人気になると「軍隊に行くか、行かないか」で男性たちの議論が始まります。

また、ある大物政治家の子どもは体重が基準に達していなかったことで兵役に行っていません。そのことがネックになり、男性支持者の多くを失いました。結局その政治家は大統領にはなれませんでした。他にも理由はあったと思いますが、軍隊の問題が国民の心情に大きく影響したにちがいありません。

他にはスポーツ界でも兵役は大きな問題になっています。サッカー選手の中には兵役に行かなければならないことが障害になって移籍ができなかったり、最近では兵役に行くか行かないかが問題になって実力があるのに代表として選ばれなかったりしたこともありました。

「私の元彼」とは、大学を卒業した後に一度会う機会がありました。

会ってみると噂通り、変わってしまっていました。なんだか私が好きだった彼ではありませんでした。あのときはとても純粋だったのに……と思いながら、嫌な思い出ではなかった私の恋が、忘れたい記憶になってしまいました。

兵役はなんだか悲しいものです。

しかし、義務であることは間違いありません。韓国の男性たちは嫌がる気持ちはあると思いますが、義務として自分が家族と国を守るという使命感に満ちてその時間を耐えます。私はその気持ちを大切にしたいです。

その2

兵役ラプソディー（後編）

オールF

早生まれの私が大学二年生から三年生になろうとするとき、私の弟は大学受験まっ最中でした。

私の弟はよく私とそっくりだと言われます。どのくらいそっくりかというと、弟を知らない同級生がある日学校で「あんたの弟を見たよ。そっくりじゃん」と言ったぐらいです。弟は小学校や中学校の頃は勉強ができたのですが、高校のときは成績がめちゃくちゃでした。

顔は女の私とそっくりなので、けっこういけるほうです。

身長も高校生になってどんどん伸びて、今は一八四センチもあります。背が高く、体の線も細く、顔もけっこう良かったので、近隣の学校ではちょっとした有名人だったらしいです。弟が言うにはあだ名が「倉洞《チャンドン》の李同国《イドングク》」だったそうです（倉洞は私の実家がある地域の名前で、李同国は当時韓国でとても人気のあったサッカー選手で、とくに女子高生に人気でした）。

まあ、姉として弟の名誉を守るために弁明するとしたら、こう言うしかありません。

「周りがほっとかなかったので勉強する暇がなかった」

弟は大学受験試験でそれはもうめちゃくちゃな点数を取りました。首都ソウルにある四年制の大学は、とてもどこも受けられない点数でした。それでも、喜ぶべきか悲しむべきかわかりませんが、担任の先生はこう言ってくれました。

「それでも大学に入れる点数をもらうなんて、夢にも思わなかったですよ」

幸い、実家の最寄り駅から一時間ほど高速バスに乗れば通える大学に入学することができました。しかも、就職にも強そうな建築学部です。本人がどんな大学に入ってもがんばると言ったので、私の両親は今までの不良生活を水に流しました。

私の家族はみんな弟を信じていました。高い学費のためにも、今まで勉強しなかった分を取り返すためにもがんばるはずだ、と。

しかし、フタを開けてみたら弟は何も変わっていませんでした。

一学期での成績はなんとオールＦ!!

韓国ではFをもらうことを「銃をもつ」と言います。形が銃に似ているからです。オールFをもらった弟は、なんと学校に行っていなかったそうです。学校に行かなかった間は彼女と遊んだりしていたのだとか。もう、本当に頭にきましたが、彼はまだ成人もしていない若者です。一学期は棒に振ったけど次はきっとがんばれると信じました。しかし、その後もまったく変わりませんでした。次の期が始まっても、また学校に行かないのです。

その頃、わが家には高校三年生だった妹もいたので、三人も大学に行かせるのは無理だと判断した両親はどうしようかとすごく迷っていました。とにかく、問題児である弟を無駄に大学に行かせるわけにはいきませんでした。

ミリャン姉さん出動

両親はいろいろと悩んだ末にひとつの考えに至りました。

「しかたない！　本人が嫌がっても軍隊に行かせるしかない」

そうです、出した結論は「兵役」でした。

身体検査はとっくに終えて一ランクをもらっていたので、兵役に行ける資格は十分でした。問題は本人が嫌がることです。しかし、学校も行かず、だらしない生活を送る弟を見て、ついに私が処理することにしました。

つまり、普通は本人が申請する兵役申請を、姉の私がしたのです。私の周りにも軍隊に行く前は勉強を放って遊んでおき、「兵役を終えたらがんばる」みたいな考え方の子が多かったので、ある程度は遊んでいいとは思っていました。ですが、私の弟はもうひどいとしか言いようがありませんでした。友だちの中でも誰もオールFはもらっていません。


遊びたい盛《さか》りの弟には悪いと思いましたが、正直、軍隊に行って少しはおとなしくなってほしかったのです。

必要な書類を提出した後、私は弟に事後報告をしました。

「兵役の申請をしたから入隊の通知が来るよ」

一瞬弟の瞳が揺れましたが、あまり狼狽《うろた》えることはありませんでした。

どうやら覚悟していたようです。今までお姉さん（私）がやると言ってやらなかったことがなかったから、もう逆らえないと決心したようでした。

入隊

そして、弟はオールFという不名誉な成績と、恋しくてたまらない彼女を残して凍《い》てつく冬に入隊しました。母は冬に入隊してうまく生活できるかどうかすごく心配していました。かわいそうに思う気持ちがないわけがありません。

しかし、運がいいのか悪いのか、わりと評判のよい部隊に配属され、先輩も悪い人があまりいなかったそうです。また、若いうちに行ったので、次々と入ってくる後輩もみんな自分より年上だったと言いました。部隊の中で一番の年下だったので、上官から何を言われようと、それほど腹が立つこともなかったそうです。

「もっと厳しいところに行けばよかったのに……」

最初は心配していた母も、こんなことをボソッと言ったくらいです。

また基地が実家のあるソウルからも近かったため、彼女が毎週面会に行ったそうです。面会は週末に許可され、勤めている部隊に行って申請するだけなので、特段難しいことではありません。また、昇進するたびに四泊五日程度の休暇が与えられます。

外出といって、週末には所属している部隊から定められた距離以内ならば、案外頻繁《ひんぱん》に基地の外に出ることもできます。実家が遠い兵士は距離の問題で行ける場所があまりなく、他の兵士たちとサッカーをやったりして週末を過ごします。

そうしてあっという間に二年が経過し、弟は社会に戻りました。

最初は所属の部隊でお米屋さんの息子（そうとうな力持ちだったそうです）からいじめられたこともあったらしいですが、その先輩が退役してからは何不自由なく部隊で振る舞うことができたと言いました。軍隊は階級社会なので、期間が長くなるにつれて楽になると聞いています。最初にどんな先輩に出会い、どんな苦労をしたかを語るのが兵役を終えた男たちの風物詩《ふうぶつし》です。

弟の変化

そんな弟はというと、必ず三食食べる規則正しい生活で、少しふっくらとして帰ってきました。入隊前は六四キログラムだったのに、九〇キロにまで増えていました。まるで熊みたいな外見でした。それに訓練後に不衛生にしていたのか、顔にはニキビが増え、きれいだった顔に傷がついてしまいました。もちろん色白だった肌も、すっかり日に焼けて黒くなっていました。前よりはかわいさは減りましたが、よく見るとなんだか貫禄《かんろく》がつき、男前になりました。

これで大学にも真面目に通ってくれると期待していた私たちでしたが、弟は大学に行く気になりませんでした。なんと、兵役を通して向上心が高くなり、今の大学では満足できなくなってしまったのです。

しかし、また最初から大学受験をするには年齢が問題でした。そんな彼の選択は、大学を休学したまま一年間バイトをすることでした。そして、大学に戻り一所懸命勉強しながら、別の大学への編入試験を準備しました。

地方の大学から世間に名の通った大学に編入するために、たった六カ月しか必要としませんでした。普通は一年はかかるのに……最初は大変苦労したのですが、それでもなんとか編入を成し遂げました。次の大学では工学部に入り、勉強して研究室に入り、大学院まで進みました。あんなに勉強が嫌いだったのに、大学院まで卒業して、今は働き出して三年になります。

兵役後は、親に接する態度も変わりました。

昔はいつまで経っても反抗期の子どもみたいに不満が多かったのですが、帰ってきてからは、母がいないと自分で皿を洗い、親戚の家に行くことをとにかく嫌がっていたのに、長男という自覚からかよくついて行くようになりました。父が「おばあさんの墓参りに行こう」と言うと「はい」と二つ返事をします（韓国の墓は日本の墓と違って土を盛って山のようにふっくらとさせて芝生を植えるので、墓参りに行ったらその芝生をきれいにします。芝生をきれいにする作業がけっこう大変で、たいてい男性が行きます）。

大人になるということ

私は姉なので弟の行動が気に入らないところも多く、まだまだ安心はできませんが、人に迷惑をかけるようなことはほとんどなくなりました。会社も片道二時間かかるのに、文句も言わずに行きます。

とても不思議でなりません。

そんな彼の変化は、軍隊に行って厳しい教育を受け、たっぷりと持て余した時間の中で自分がどう生きていけばいいかを考えたからかもしれないし、年をとってちょっとは分別がついたからかもしれません。いずれにせよ、確実に心配ごとは減りました。

身近な日本人男性のわが家の夫と比較してみると、夫は家から離れた学校に通うために実家から出て、一人暮らしをしてから成長したみたいですが、弟は兵役を終えて「俺は男だ」という意識が強くなって未来を考えるようになったようです。

弟だけではなく他の友だちを見てみても、兵役に行く前はあれだけ無茶をしていたのに、兵役を終えてからは成績と就職のためにＴＯＥＩＣや公務員試験の準備を一所懸命にやるようになりました。

それはとてもよいことなのですが、「少年」だった彼らから、「夢」というものがすっかり抜けてしまったようにも見えます。

現実的になるということが大人になるということなら、まさに「大人」になったと言えます。しかし、それはそれで少し残念です。

ですが、いわばそうした「成人の儀」を経験することによって、韓国の男たちは社会の中で活躍する術《すべ》を得て、新たな夢を見つけていくのかもしれません。

その3

整形手術の誘惑

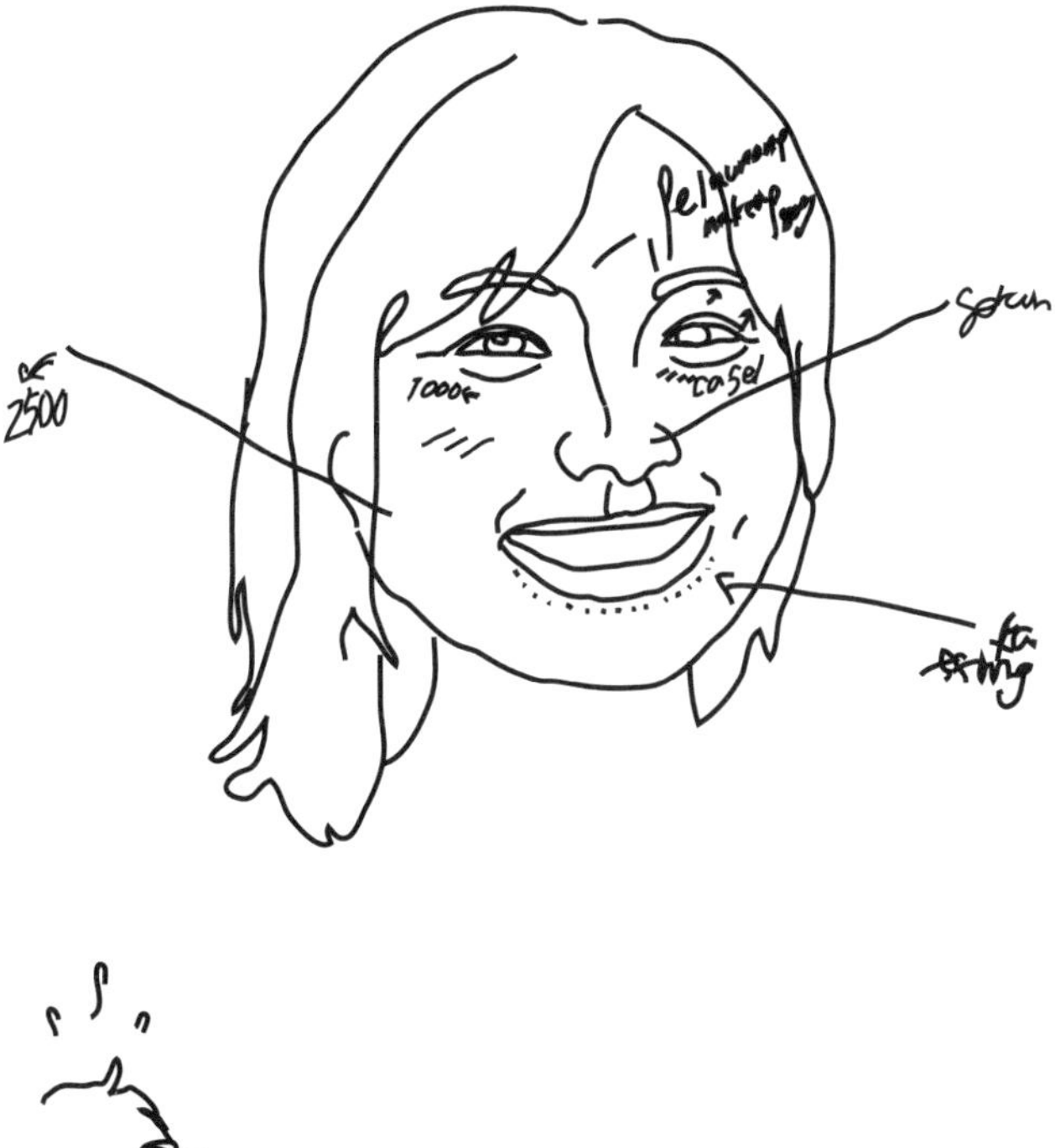

最近の悩み

最近悩みが増えつつあります。

年をとるにつれて、目の下の部分にクマができてしかも膨らむことです。

「あ、ここ膨らんでる。脂肪を抜けばもっと若く見えるだろうに」

目の下、クマができる部分が膨らむと老けて見えます。鏡を見ながら悩みを夫に話しました。

「いつも自慢してたじゃん。私は整形手術しなくても肌もきれいだし、今の年でもすっぴんで外に出られるって」

「そうだけど、なんかね、やっぱり年をとると欲望が出てきちゃう」

正直、鏡でじっと自分の顔を見ていると目の周りだけではなく、あごなど他の箇所も気になってしかたがありません。両あごが出っ張っていて顔の形が角ばっています。昔は卵形だったのに、どんどん四角に近づいていきます。

ある日、韓国にいる友だちと電話で話したら彼女も同じ悩みを抱えているらしく、美容について熱弁しました。

「たるんでいるあごの肉をマッサージで引っ張るときれいになるらしい」

「そうなの？　それってどこでできるの？」

「妹の話ではソウル市内にある病院でできるらしい。だいたい一五〇万ウォン（約一〇万円）くらいだって！」

よくこういう情報を手に入れるものだと感心しながら聞きました。一五〇万ウォンは一カ月だけ貯金を我慢すれば何とかなりそうな金額。それできれいになれるならやりたい。

ああ、誘惑に負けてしまいそう。

日本人が韓国と聞いてイメージするものの中に必ず〝整形手術〟という言葉があるのではないでしょうか。

これから整形の現状について、私の学生時代とくらべてみようと思います。

大学生の整形手術事情

私が卒業した学科の定員は五〇人あまりでした。その中で半分が女の子でした。もう一五年前の話ですけど、大学入学時に同じ学科の子たちと集まって、はじめてみんなと対面したときにあることに気がつきました。目が異常にはれている子がいたのです。しかも、一人ではありません。その子たちの前では言えませんでしたが、整形手術をしたのではないかという噂が流れました。

見てみると、目が完全に開けられず、瞼《まぶた》に二重《ふたえ》の跡が残っていました。それが手術をしたかどうかを判断する根拠になります。

最近は本格的に手術をするのではなく、手軽に二重を作る方法が人気なのだそうです。そうすると自然な二重ができます。時間が経つと効果はなくなりますが、また同じことをすれば効果が戻るらしいです。

手術で深く二重を作るとはれた部分が自然に戻るのに一年あまりの時間が必要になります。つまり、彼女たちは二年生からやっと美人になったわけです。

ちょうど兵役に行った男子たちが帰ってくる頃だね。

韓国では二重が美人の絶対条件のひとつです。生まれつき二重があって、二重が深い私は街に出るとおばあさんに「二重手術をしなくていいからお金を得したわね」と言われました。また別の人には「どこで手術するとこんなに自然にできるの」と聞かれたこともあります。自然にこんなにきれいにしかも深く二重はできないと思ったのでしょうが、私のものは本物です。ははは……。

昔は大学受験が終わると合格祝いに整形手術をプレゼントしてもらう子が多かったです。

今思い出してみると、同じ学科の二五人のうち四人がやっていました。目だけではなく、鼻をやった子もいます。今はみんな美人さんです。二〇歳のときには外見からすぐ気づかれましたが、今はすっかり馴染《なじ》んで自分で暴露《ばくろ》でもしないかぎりぜんぜんわかりません。

出た、美人自慢！

プレゼントで整形！すごいな！

オープンになった整形手術

今はその〝馴染む〟速度がさらに速くなりました。まだ韓国に住んでいたある日、電車から降りるとき聞いた話がいまだに忘れられません。整形美容病院の広告を見て二人の女子高生が交わした会話です。

「あの整形病院は夏休みとかには予約が取れないって」

「え？　そんなに人気なの？」

「うん、予約でいっぱいだって。××も夏休みに行くんだって。評判がいいんだって」

びっくり仰天《ぎょうてん》!!

最近の高校生は夏休みに整形手術を受けるのです。そうすると自由に遊べる大学生になったとき、きれいになれるからでしょう。ただし、高校生の整形手術は親の同意がないとできません。

また、最近びっくりするニュースを目にしてしまいました。夏休みを利用して整形手術をする場合、チェックしなくてはならないリストが記事に出ていたのです。一六歳は目までできて鼻は鼻の発達が終わる一九歳からするほうがいいとか、手術を終えた後、旅行はできるかとか、いろいろ注意事項が書かれていました。こんなものがポータルサイトのトップページを飾るなんて、時代の流れを実感します。

私が大学生のときは整形手術を受けたことをみんな隠そうとしていました。

しかし、いつからかはっきりしませんが、きれいな女性芸能人が出てきて私は顔全体を手術したと堂々と告白しました。それ以前に手術をした芸能人がいなかったわけではありませんが、あんなに堂々と告白する芸能人はいませんでした。みんな手術のことを否定していました。それが、ある日を境《さかい》にみんな「私は目をやりました」「鼻をちょっといじりました」と言うようになりました。

それにつられてみんな堂々と手術するようになりました。だって、お金をかけて美人になって芸能人になると大金持ちになれますもの！

アイドルやタレントは万国共通の女の子たちの憧れです。

憂鬱な一日

韓国の母も友だちと一緒に目の周りにメスを入れました。メスを入れたというか、若く見せるために目の下の脂肪を少しだけ抜いたのです。母の友だちはその反対、脂肪をちょっと入れました。二人して、目の周りにとても浅い傷が残ってしまいました。

それを見て私は絶対やらないと心に誓いましたが、年をとると欲望は出てしまいます。

正直怖くてできないと思いますが、今の状態から悪化（?）してくると、わかりません。

最近では、ネットで検索すると芸能人の誰がどんな手術をしたのかを分析したサイトなどがあります。それを見ていると「こんなに自然にできるのなら私もやりたい」という気持ちが芽生えます。直すところがないと言われる私（!?）でさえ、その気になってしまいます。

「ちょっとあごを直したい」

「今度はあごかよ」

見慣れた夫の呆れた顔。

「そもそも怖くて絶対手術できないでしょ」

「まあ、そうだけど、必ずしもメスを入れなくても簡単にできるものがあるってよ」

「金かけたら何でもできるよ。貯金崩してやれば?」

「ちぇ、私ができないと思ってるんでしょう。後で後悔するなよ」

「あんたは、口だけだもん。絶対できない」

「やってみるわ!」

ミリャンはしないでよ〜。

だって本当に呆れているから……。

夫の言うとおりです。わが家のローンを返すには、はるかに道のりが遠いのです。ここで貯金を崩しては本当にローンを三五年間返さなくてはならなくなります。

顔のことを考えていたら急に心配になりました。

韓国の母がもっとも恐れているのは、私が太ることとあごの両端が出っ張ることです。いつも韓国に帰ると、あまり硬いものを食べないでと注意されます。ダイエットもいつも言われることのひとつです。今度韓国に行ったらなんと言われるか……気にしていなかった父まで加わって心配しそうで怖いです。

美の意識が高い韓国ではきれいになることも親孝行です。

とりあえず、一〇〇円パックでも顔にはろうかと思いました。

今日、久々に鏡を見ました。普段鏡を見ない私ですが、会社のトイレで見てしまったのです。ほんとうに年相応に、そばかすなのか、しみなのか、わからないものが顔にいっぱいできていました。

憂鬱《ゆううつ》な一日です。

VI ミリャンのルーツ

その1

女子力という謎

立ち食いうどんに挑む

午後おなかがすいた頃、週に一回必ず行くお店があります。

「あなたは天ぷらうどんでしょう?」

「はい」

注文しなくても、おばあちゃんは私が食べたいものを察してくれます。もしかしたら一味唐辛子を半端なく使う娘が来たと思っているかもしれません。

私がよく行く店とは立ち食いそば屋です。

駅と会社を行き来するうち、自然とこのお店があることを知りました。日本に来て四年。今は何のためらいもなく入りますが、当初は入るのに少し躊躇《ちゅうちょ》しました。

夫から日本の女性は立ち食いそばをあまり食べないと聞いたからです。

ある日のこと、夫がお昼に外食すると私に伝えました。

「今度Uさんと食事をするけど、メニューはラーメンになったよ」

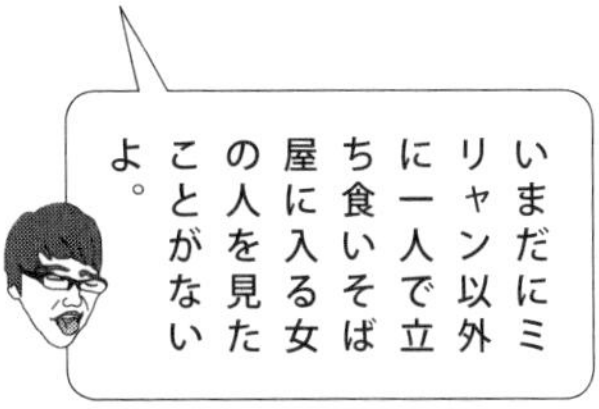
いまだにミリャン以外に一人で立ち食いそば屋に入る女の人を見たことがないよ。

Uさんは夫が前に勤めていた会社の後輩で女の子です。

「久々に会うのにもっとおいしいもの食べればいいじゃない。なんでラーメンなの？」

「Uさんが女友だちと一緒にご飯を食べるときはラーメン屋に入りづらいから、普段食べられないラーメンが食べたいんだって」

「はあ？　なんだそれ？　なんで女性と行けないの？」

留学していたとき、女性は牛丼屋にあまり行かないと聞きましたが、ラーメン屋まで行かないというのです。

なんで？　どうして？

私の疑問に、夫は答えを持っていませんでした。

「なんかラーメン屋って汚いイメージとかあるんじゃないの？　おしゃれなお店ができたのって最近だし。よくわからんわ」

立ち食いそば屋はラーメン屋よりも敷居《しきい》が高いと聞いたので、なんだか行きづらくなりました。やはり、そう聞くと行くのにじゃっかん抵抗感ができてしまいます。改めてそこで麺を啜《すす》っている人を見てみると、たしかに男ばかりだったので数カ月は行かないで我慢しました。

でも、考えてみると周囲がどんな目で見ても私とは関係ありません。おいしければ食べればいいし、おいしくなければ食べなければいいのです。

そう決めて通い続けてもう一年も過ぎました。

思い出してみると、はじめてそのそば屋に入ったとき、おばあちゃんはたしかにこう聞きました。

「持ち帰るの？」

テイクアウトもできるのかと感心しつつも、その気はなかったので私はこう答えました。

「いえ、ここで食べます」

それから五回ほど通った後に、おばあちゃんは「持ち帰り？」と聞かなくなりました。

私がそのお店で見かけた女性は、三人ぐらいです。顔まではっきり思い出せるぐらい数が少ないです。そう思うと、とても残念な気持ちになります。

韓国の屋台は女性がいっぱい

そんなとき、ふっと、韓国の道にずらりと並んでいる「屋台」の存在を思い出しました。

「韓国には屋台があるから、たぶんそういう立ち食いそば屋とかに入るのに抵抗がないのかもしれない」

「まあ似てるっちゃあ似てるけど、韓国で屋台によく行くのはあんただけじゃないの？」

「いや、違うよ。みんな行くよ。Hも行くし、Jも行くし、みんな行くよ。いつもHとどこかに出かけたときは食べていたよ」

何度も言っているように、韓国の道路には屋台がいっぱいです。

そこではいろんな食べ物を売っています。皿がきれいかどうかも知らないし、サービスはだいたい悪いけど、みんな気にせずに食べます。安いし、すぐ食べられるし、おいしいし、お金がない学生時代によく利用しました。いや、学生時代だけではなく今も利用します。屋台で売っているメニューはお店が違ってもほとんど変わりがないですが、街によってちょっとずつ味が違います。

テレビで見たことがあるかもしれませんが、女子高生から男性まで、時間がなくてご飯が食べられないときはよく利用します。いくら男の前でしぐさと声が変わるネスンジェンイ（내숭쟁이：ぶりっ子のこと）でも韓国では屋台を避けることはできません。

屋台で食べると不思議とおいしく感じます。

余談ですが、韓国では男の前で態度が変わる女の子のことを、ネスンジェンイと言います。大学に入ってすぐの頃、そういう子を見るとずいぶんからかいました。黙って見ていられなかったのです。

合コンで男の前で態度が変わる友だちを見ると必ずといっていいほど次の日「ネスンジェンイ」とひとこと言います。「もてたい気持ちはあるけど、そこまでしてもてたいとは思わない」という気持ちが強かった気がします。

だからか、最近は「干物女《ひものおんな》」的な女性がすごくハンサムで金持ちの男と恋愛する物語が韓国では人気です。素のままでいてもてたい、そういうファンタジー的なものだからこそ人気が出るのだと思います。

韓国の女はみんなそうだと主張すると、夫は疑いの目を向けてきました。

「あんたのみんなはだいたいみんなじゃないからね」

「何それ？　本当だってば」

「でもみんなって言っても結局自分の周りだけでしょう」

「今韓国行ってみなよ。屋台に女性がいっぱいよ」

しかし、夫は疑いの目を変えません。結婚して四年が経った今も、夫は私の話をいつも大げさだと言ってなかなか信じません。そして闘争がはじまります。

この日も信じてもらえなくて腹が立ちました。結果、ついに声が大きくなってしまいました。

「おい、ちょっとは信じてよ！」

女子力って何だ？

それから、女子力という言葉が思い浮かびました。

一人で立ち食いうどんを啜る私を、男性たちはきっと「女子力ゼロ」と言うでしょう。

そもそも女子力とは何ですか？

よくエステなどのCMで「女子力UP」と言いますが、意味がわかりません。

女性らしくという意味でしょうけど、イメージがうまくできません。

そう思うと韓国と日本の「女子力」はずいぶん違う気がします。

はっきり定義ができなくてもやもやしますが、たぶん何かが違います。

もやもやする気持ちを晴らすべく、友だちにSOSを要請《ようせい》しました。

「〝女子らしさ〟とは何だろう」という疑問に友だちは「化粧を濃くすること？」とあっけない言葉で返しました。あまりにもあっけなくて笑っていると、他の友だちから「言葉遣いをやわらかくすること？」と返事が来ました。

うーん、何か違う！

それでも、これらの友だちの意見と私の考えをあわせてみると、韓国では「女性らしく」というと自分をきれいに見せることをさす気がします。

私の周りで一番女子らしい人は誰かなと考えたら、ある人の顔が浮かびました。

それは「弟の彼女」です。

彼女が家に来たとき、母、妹、私そして父まで口をそろえて「チョンサンニョジャ（천상여자：天性女子という意味で発音がチョンセンニョジャにならなくてはいけないです

が、チョンサンニョジャと呼ぶようになっています）」と発しました。

そう、韓国ではもっとも女子らしい人を「天性女子」といいます。だから、韓国で女子力とは持って生まれるものです。

弟の彼女は「うわ、美人だ」と驚くほどではありません。しかし、スタイルのいい体と長い髪で、ばっちりと決めた化粧にヴィトンのバッグを持っていました。はじめて彼氏の家を訪れるからそういう服装とアクセサリーを選んだとはいえ、とても「女子」でした。私と妹には絶対真似できません。私はといえば、朝イヤリングをする時間さえないくらい、寝てしまいます。

彼女は身なりはとても女性らしかったですが、自分の言いたいことは物《もの》怖《お》じせずにはっきり言う子でした……。

女子力とは日本では「培《つちか》う」もので、韓国では「生まれつき」と認識されているものなのではないでしょうか。

そうだとすると、私は一生色気のない女で終わるかもしれません。

その2

日本の片隅で愛国心を叫ぶ

なぜ韓国人はそんなに「韓国大好き」か？

ある日の夕食後、他愛もない話をしていたら、急に夫の顔が険《けわ》しくなりました。

「もういいよ」

「ええ？　なんで？」

「だって、話ぜんぜん聞いてないじゃん」

「え、聞いてたよ」

私は夫が話していたことをちゃんと聞いていたと主張しましたが、夫の表情は変わりません。

「本当に韓国人って韓国大好きだね。テレビのＣＭで〝ＬＧ〟って単語が出ただけでそっちに気を取られるって」

夫の指摘はズバリでした。

たしかに私は夫の話を途中まで聞いていましたが、テレビでＬＧの液晶ＴＶのＣＭが流れると、そちらに耳を奪われてしまったんです。ＬＧは韓国の財閥《ざいばつ》企業で、最近日本でテレビと携帯電話を売り始めました。

「LGに反応したんじゃないよ。顔のいい男が映っていたからだよ」

「うそつき」

私の好きな俳優が出ていたことでごまかそうとしましたが、夫には通じません。この辺はさすがに私の夫を四年間やっているだけあります。

LGと聞いて反応することのどこが悪いと開き直って攻勢に出たい気分でしたが、夫の話を聞いていなかったことは事実だったので、今回は矛《ほこ》を収めることにしました。


しかし、自分でもこれは疑問でした。

夫の話より、たった一五秒のLGのCMの方が私にとって重要なのでしょうか？

もしかしたら、日本人から見ると韓国人は「自国大好き」と呆《あき》れられることが多いかもしれません。

その愛国心の表現が、おそらく理解不能なのでしょう。なぜ韓国人はそんなに「韓国大好き」を叫ぶのか？　私の中で愛国心が芽生《めば》えたきっかけを紹介するために、ちょっと昔話をしようと思います。

愛国心の芽生え

ちょうど一〇年前、私は欧州旅行に出ました。英語の勉強のために行ったカナダで、韓国人の友だちと一緒にヨーロッパに行くことを計画したのです。一番の問題は旅費の捻出《ねんしゅつ》でした。留学生の身分だったので十分なお金は持っていません。

それでも食費を削《けず》り、交通費を削り、宿泊費も削って、なんとか一カ月という長期間ヨーロッパに滞在することができました。もう二度と来ることはないと思い、いろんなところを歩き回りました。しんどかったですが（パリ市内を電車に乗らず六時間も歩きました）、若かったので体力には問題ありませんでした。あっちに行きたい、こっちにも行きたいと友だちと喧嘩しながら行き当たりばったりで決めて行く旅行は、とても楽しかったです。

韓国人が経営する民宿で出会った人たちとも交流ができたので、旅行の思い出はいっぱいです。今もローマやパリ、プラハに行ったら地図を見ずに観光地に行ける自信があるほど記憶は鮮明《せんめい》です。

そんないい思い出ばかりの旅行でしたが、ただひとつ気がかりがありました。それはヨーロッパ各地の有名観光地の案内板には、「中国語」と「日本語」の表記はあるのに、「韓国語」の表記がなかったことです。どこの観光地に行っても、韓国語の案内はありませんでした。

それがすごく悔《くや》しかったです。

また、オーストリアを訪れたときに、こんな出来事もありました。

見たいスポットがバラバラで、その日は友だちと別れてウィーンを散策しました。そして約束した時間になり宿に戻ると、友だちもちょうど帰ってきたところで、なぜだかすごく呆れた顔をしていました。理由を聞いてみると、街であるおじいさんに話しかけられたときに事件が起きたらしいのです。

東洋人を見て興奮したそのおじいさんは、いきなり「に・ぃ・は・お」と挨拶《あいさつ》したらしいです。中国人と勘違いされたことがわかった友だちは「I am a Korean. I can not speak Chinese.」と答えました。すると、そのおじいさんは流暢《りゅうちょう》な英語で「なんで中国人じゃないんだ。最近中国語を勉強しててちょうど話し相手ができたと思ったのに！」と怒ったそうなのです。友だちは、唖然としてその場を離れたそうです。

案内板に韓国語がないのは、韓国が英語の教育に熱心なのをわかっていて、韓国人は優秀で英語が上手だということをわかっているのだと割り切ればいいのですが、「中国人ではない罪」で怒られるのは、どう考えてもいい気分になりません。

だから、イタリアで韓国産の車を見たときは友だちとすごく興奮しました。

「あっ！　大宇《デウ》の車が走ってる！」

スポンサーにも興奮!?

その癖《くせ》がすっかり染みついているらしく、日本でサムスンやＬＧの看板を見つけただけでも、つい振り返ってしまいます。

イギリスのサッカーを見るとき、マンチェスターユナイテッドとチェルシーの試合をやっているとどちらを応援すればいいか、非常に悩みます。マンチェスターには朴《パク》智星《チソン》という韓国の英雄が所属していたし、チェルシーでは韓国の代表的企業であるサムスンがユニフォームの胸スポンサーを務めているからです。韓国人の私には、見る

それはびっくりだ。

ちょっと違うような気がするけど……。

だけで自然と笑みがこぼれてしまう光景です。

そんなことを夫に言うと、選手に興奮するのは理解できるが、スポンサーに興奮するのは理解できないと、呆れられました。

韓流スターも同じです。

毎週月曜の一〇時に見る番組は決まっていますが、グンちゃん（チャン・グンソク）が同時間の別の番組に出演することを知った私は、その時間だけチャンネルを変えて食い入るように見ました。

そんな様子を見て、夫は当然呆れました。

「韓国人は本当に韓国が大好きなんだね……」

そして、ついに戦端が切られました！

「国を愛して何が悪い？」

「それって愛国心のようでちょっと違うと思うよ。韓国人はね、すぐ自慢するのよ。そんなに声高に叫ばなくてもいいのに、なんかプライド高い民族だね」

「はあ？　外国に住んだこともないあんたにそんなこと言われたくないわ。あんたも他の国に住んでみなよ。みんな外に出ると愛国者になるっていうから」

「そうかな、俺は別にタイムズスクエアの東芝の看板を見たところで、胸が熱くなったりしないよ」

愛国の理由

夫の指摘を聞いて私はじっくり考えました。

これは私見ですが、韓国人（というか私）のこういった傾向は歴史に関係があるのではないでしょうか。韓国の歴史は侵略との抗争物語です。

国土は中国とはくらべものにもならず、日本の四分の一ほどしかありません。それでも五〇〇〇年にもなると言われる歴史と文化を守るために必死でした。だから常にプライドを高くして他人に負けない立場にならなければなりません。守りの姿勢というか、誇りをなくさないように努力しているのです。

世界の中でも経済力がトップクラスの日本は、わざわざ自分からそんなことを考えたり主張したりしなくても世界中の人がその存在をしっかりと認識します。中国も大きな土地と圧倒的な人口、そして歴史や文化遺産がすっかり認知されており、わざわざアピールをする必要はありません。さらに最近は経済的にも大きな位置を占めるようになりました。

しかし、小さなわが故国、韓国は常に自ら何かを発信していないと日本と中国の影に隠れてかすかな風で消えてしまいます。そうならないように、小国ながらもがんばって存在をアピールする努力をしているのではないでしょうか。

もちろん、これは日本に住みながら考えた私なりの理屈であり、韓国人みんながそう思っているわけではありません。

やっぱり韓国が好き

でも、どんなに世界で小さい存在でも韓国が好きです。自然も美しいし、料理も好きだし、まあ、大好きです。

わが家は結婚して三年目に、やっと新婚旅行みたいな感じでヨーロッパに行きました。行き先はパリ、ローマ、そして、マンチェスター（サッカー観戦）でした。

しかし、私には楽しむこととは別の目的がありました。あの日のその後をたしかめることです。

はじめてヨーロッパに行ってから十数年、韓国が成長した分、世界も韓国を認識し、訪れる先の一カ所くらいは韓国語の案内板を出してくれているかどうか、それが気になっていました。


結果から述べますと、昔より韓国語の表示はちょっとばかり増えていたものの、あまりなくて残念でした。

それでもうれしいことはありました。イギリスでサッカーを見て帰るために電車に乗ったとき話したイギリス人たちが、朴智星や他の韓国人選手の名前を知っていたのです。また、イタリアでは「Are you a Chinese?」という質問に「No」と答えたら「Korean?」と聞いてくれた女性がいてとてもうれしかったです。

アジアの国といったら中国、日本とともに韓国の名前が出るように私もがんばりたいです。

その3

ガラスのプライド

重要な戦い

買い物に行くと必ず夫と一回は口喧嘩をします。

商品について気になることや店員に聞きたいことがあると、必ず夫に聞かせるからです。

「知りたいことがあるなら、自分で聞けよ。別に日本語が話せないわけじゃないんだし」

「いや、ちょっと聞いてくれたっていいじゃないか」

いつもこんな感じです。日本にも慣れてきて、言葉も話せるのに、わざわざ夫を仲介して聞いていたら正確に自分が聞きたいことを聞けないというのが夫の主張です。

しかし、私からすると、これはプライドがかかった重要な戦いなのです。

それは、外国で暮らし、常に外国語を話す状況におかれる人間にとって避けることのできない戦いです。

語学を勉強する人は、最初、誰だってネイティブのようにペラペラしゃべることを夢見ます。
もちろん、私もネイティブのように日本語をしゃべれるようになりたいと思っていました。

語学の天才!?

実は、私が日本語を勉強したのは、プロローグでも少し書きましたが、本当に小さなキッカケからでした。私は大学を卒業してからカナダで英語を勉強しました。そして帰国後、小さい貿易会社に勤めて、その後は家業を手伝いました。もともとふらっと旅行に出かける癖がついていた私は、急に縁もゆかりもない日本に行くことを決めました。韓国から近いからちょうどいいのではないかという、なんとも無計画な理由でした。決めてから、早速準備を進めるうち、考えてみると知り合いもいないところで三カ月もいられないと思い、せっかくなので日本語学校に通うことにしました。

ひらがなは大学のときに少しだけかじったことがあったので形だけはなんとなく馴《な》染《じ》みがあったのですが、いかんせんまったく覚えていませんでした（大学で習う第二

外国語なんてそんなものですね……）。だから私は「初級クラス」に入ることになったのです。

何日か通っているうちに、短期間の滞在とはいえ、日本語がわからないことはとても不便だということに今さらながら気づき、猛烈《もうれつ》に勉強することを決意しました。しかし、いわゆる勉強をがんばったわけではありません。学校での勉強をがんばるよりも、借りた日本ドラマを見ながら日常生活で使用頻度《ひんど》が高い単語を中心に覚えました。CDなどを借りると、一緒に歌詞カードをもらってそれで勉強もしました。基本的に文字が会話しかない漫画も私のいい教材でした。

その勉強法が当たったのか、私は学校の誰よりも早く日本語が上達し、ついに三カ月が経過したころには、ある程度ペラペラとしゃべることができるようになっていました。のちに勘違いだったことが判明するのですが、正直自分が天才だと思いました。

当時は将来日本人と結婚して日本に住むなんていうことはまったく想像しておらず、また日本に長期間滞在することももう二度とないとさえ思っていました。それゆえ、せっかくうまくしゃべることができるようになったのにこのまま帰国するのではもったいないと思い、あれこれやりくりしながらなんとか滞在期間を延《の》ばしました。

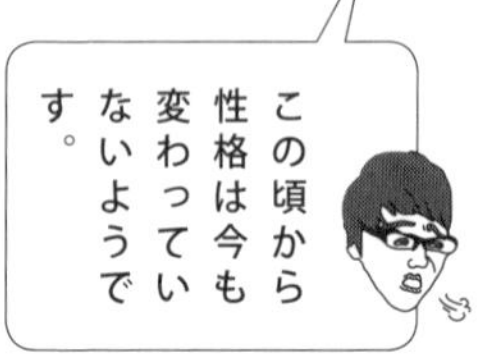
この頃から性格は今も変わっていないようです。

そしてカナダで英語を勉強した経験を活かし、ネイティブ、つまり日本人の友だちを作る努力をしました。そのとき出会ったのがよく登場するS君です。

S君が別の友だちのK君を紹介してくれて、三人でよく遊びました。いろいろと生の日本人と接することでしか聞くことのできないいい言葉（？）を教えてくれたおかげで、日本の文化に早く慣れました。

崩れた自信

すっかり天狗《てんぐ》になっていた私の自信がもろくも崩れ去ったのは、韓国に帰国した後です。

わずか数カ月で日本人ととどこおることなく会話ができるなんて、自分の語学の才能は傑出したものだと思っていましたが、英語でいうＴＯＥＩＣのような日本語の試験を韓国で受験した際に、それが妄想であることがハッキリわかりました。

試験は難しく、めちゃくちゃな点数。

ドラマなどで勉強したから会話で使うような言葉は理解できましたが、文法や漢字などの勉強をおろそかにしたため、テストの点数は伸びませんでした。日本語能力試験も一級を取りたかったのですが、早くも赤信号がついてしまいました。聞き取りはなんとか通用しましたが、読解はてんで駄目でした。

そして、私はついに苦手としていた参考書を開き、机に向かってじっくりと勉強しました。やはり試験となると、文法など基本的なものがしっかりしていないといけないことを痛感しました。

ネットカフェなどで目的が同じ人を集めて勉強会を開いたりして文法をしっかり勉強しました。そして、苦手だった漢字も……。韓国でも漢字は使うには使いますが、やはりハングルが一般的なので、知らないも同然です。ハングルはローマ字と一緒で記号同士の組み合わせで発音が決まる言葉です。母音と子音あわせて二〇個強を覚えてしまえば、すべての発音を表現することができます。こうした便利な道具に慣れてしまっているため、形から音が判断できない漢字は私にとって最大の敵でした。

そうした努力の成果が出たのか、その年の年末に受けた日本語能力試験で一級に合格することができました。これでやり甲斐《がい》を覚えた私は、次は何を勉強すればもっと日本語が上達できるかを考えました。

たぶん、じっとしていられない私の性格が、もっと上を、さらに上を目指すように仕向けたのだと思います。

〝東野圭吾〟で日本語レッスン

次の獲物《えもの》に小説を選びました。当時、日本のドラマを見てセリフをすべて聞き取り、台本を作る勉強会に毎週行っていたので、聞き取りにはある程度自信がありました。聞く能力の次は読む能力。

思い立った私は早速本屋に行き、日本語の原書を探しました。そのときたまたま手に取ったのが、東野圭吾さんの『容疑者Xの献身』です。

意外なことかもしれませんが、韓国で日本の小説は売れ筋です。両国の文化の開放が進んでから、日本の文学がさかんに翻訳されて出版されました。当時、とくに人気のあった作家は、江國香織さんとよしもとばななさんでした。

東野さんは直木賞をとったばかりだったので韓国で名の知れた人物ではありませんでした（今は韓国でも一番売れっ子ですが）。だから、賞をとったという情報もなしに、

たしかに韓国の本屋に行くと日本の本がたくさんあります。

あったから手に取った、ただそれだけでした。今思うと、すごくいいチョイスでした。とても面白くてはまってしまったからです。

小説は案の定、いきなり読むには難しいものでした。知らない単語が多かったのですが、辛抱《しんぼう》しながら読みました。わからない単語が登場すると文中に線を引き、後で調べました。わからない単語が登場するたびに調べると時間がかかるし、何より本が面白くありません。

ですから、知らない言葉を集めて単語帳を作りました。問題は単語帳を作っても量が多すぎて覚えられないことでした。

「作家さんは自分の文体があるから使う単語も同じかもしれない」

知人からこんなアドバイスを聞いて、そこから東野さんの本を立て続けに五冊読みました。時間はかかりましたが、机に座ってじっとして覚えなくても単語を習得することができました。気がつけば、私はすっかり〝東野圭吾ファン〟になっていました。

小説を読んだおかげか、ドラマの聞き取りもよりうまくなり、台本を作るのにも時間がかからなくなりました。S君のアドバイスでブログも書きましたが、それも人が読めるレベルにはなりました。S君が赤ペンで添削《てんさく》してくれたおかげです。会話もしゃべりたいときはお金のことを忘れてS君に電話して話したり、韓国に留学している日本人の友だちを作ったりして実力をつけました。

ネイティブと思われたい！

日々、日本語は上達していきましたが、やはりネックになるのは発音でした。

発音の種類にかぎっていえば、韓国語は日本語より何倍も多いのですが、残念ながら似ているけど正確な「つ」と「ず」など一部の言葉の発音がないのです。「ご」と「が」も微妙に違うようでした。「つ」と「ず」のことはわかっていましたが、「が」のことはぜんぜん知りませんでした。

「韓国人って〝ありがとうございます〟の発音がうまくできないんだね」

夫のこの言葉でなんだかプライドが傷つきました。だって、あれだけがんばったのに、一番簡単で最初に覚えるもっとも重要な言葉がうまくしゃべれないのですから！

語学を勉強している人の究極の望みは「ばれない」ことだと思います。そう！　ネ

イティブではないことがばれないこと。しかし夫の話では私はばればれらしいです。

「〝学校〟の発音も微妙に違う」

「はあ？　何が違うの？」

夫は私のために言ってくれたのだと思いますが、私は不思議な敗北感で怒り気味でした。

こいつ、韓国語の発音なんかぜんぜんできないくせに!!

ネイティブみたいにしゃべっているつもりの私のプライドは、とにかくボロボロになりました。


私の発音がどこか変だと思う人は夫だけではないでしょう。

日本で服屋や雑貨屋などで店員さんと話すと、店員さんが急にゆっくりしゃべるときがあります。そう、そのときは〝ばれている〟のです。

「ああ、また！」

もちろん、彼らなりの善意にちがいありません。日本人ではないからわかりやすくゆっくり話してくれるのは実にやさしいことですが、そのやさしさが私のプライドを崩します。日本人女性で、韓国人と結婚したKさんは、韓国語の勉強をすごくがん

ばっており、韓国人の私が聞いても本当に上手です。

　彼女も日本人であることがばれるのがいやで、すごく発音に気をつけています。彼女は韓国でタクシーに乗ったとき、どれくらいの時間で日本人だとばれるのかを計測したそうです。

　私にとってのもっとも危険な言葉は「銀座」「ございます」です。こうした「ざ」を含む言葉を話すときは、最大の注意を払います。

　また、「日本語上手ですね」も聞きたくない言葉です。上手、という褒《ほ》め言葉は、「異なるけど近い」ということです。私にとっての最大の褒め言葉は、「え、韓国人なの!?」です。

　しかし、発音をクリアできたとしても、私にはまだまだ克服《こくふく》すべき難題が山積みです。

　ずっと聞き手になっていて、急に話をふられたときは、心の準備ができていなくて発音が変になるし、普段は思考も日本語でできますが、焦ると韓国語で考えたことを日本語で話すことになるので、頭の中で翻訳しなくてはなりません。そうなると、自然な日本語が話せません。

人知れず静かな戦いが展開されているんだね。

私のプライド

一番困るのは美容室と病院に行くときです。韓国語ではわかる専門的な用語がまったく通じないときはひやっとします。

髪型を美容師にお任せすると「日本人風」になってしまいます（ここは日本なので当たり前の話なのですが）。私の言う日本人風とは、後ろ髪の長さをわざとそろえず、ギザギザにすることです。私は最後の部分が一直線ではないと気になってしかたがないのです。しかし、それをいくら伝えても私の思う通りになったためしがありません。日本では、後ろ髪をパッツンにする女の子はあまりいないですよね……。

病院も同じです。体のある場所が痛いときに、具体的に痛みの種類や箇所を伝えることができません。痛い部分の説明のニュアンスが微妙に違って伝わらないです。正確に伝わっているかどうかわからない状態で医者に診てもらうことは、いくら医療先進国と言えども安心できません。まあ、こんな理由で日本の病院に行くのはとても怖いです。

日本語の上手い外国人だと思われたくない、細かいニュアンスがうまく伝達できない。

だから、店員との会話を夫に任せます。しかし、夫はそれが変だと思っていてなかなか理解してくれません。

「ただ面倒なだけでしょう？」

そうではないと何回も反論しましたが、信じてもらえません。普段、面倒なことを正直に「面倒」だと夫に押し付けているからかもしれません。日ごろの行いはこんなときにも響いてしまいます。

「違う!!」

それは全部、ばれたくない私のプライドなのです！

Ⅶ 闘争は続くよどこまでも……

その1

うちの夫の韓国語

夫のへんな韓国語

韓流スターが好きな友だちは会うたびに夫の韓国語レベルが気になるようです。

「だんなさん、韓国語しゃべれるの？」

「いいえ。まあ、私が日本語をしゃべれるから」

こう答えると非常に残念な顔をするのが定番です。

「せっかくネイティブと一緒に住んでいるのに、もったいない！」

韓国語の上達のため、毎回新大久保まで行って授業料を払って韓国語を覚えている彼女たちにとってはネイティブと一緒に生活することはすごくうらやましいことでしょう。

ですが、残念ながらうちの夫はＫＡＲＡにも少女時代にもまったくピンとこず、彼女たちのように韓国のドラマを観たり、歌を聴くこともありません。

ですが、韓国にはこんなことわざがあります。

「서당개 삼 년이면 풍월을 읊는다（寺子屋の犬も三年たつと文字が読める）」

この言葉の通り、私との生活が長くなるにつれ、簡単な韓国語は理解できるようになりました。しかし……残念ながら、夫が知っている韓国語は変なものばかりです。

「イゲ、ジュグラゴ」

ある日、私が日常的に使う韓国語を覚えた夫は、会社の同僚で仲の良い韓国人Hさんにその言葉を使ったらしいです。きっと夫は韓国語を使ってHさんと仲良くなりたかったのでしょう。

Hさんは夫よりひとつ上の女性でした。夫はその人に仕事を頼みましたが、ミスしたか、やったことを伝えなかったかでじゃっかん困ったそうです。それで冗談で言った言葉がHさんを驚かせました。

「이게、죽을라고（イゲ、ジュグラゴ）」

「ええ？　家でそんなこと言われますか？」

この反応に夫は唖然《あぜん》としたのだそうです。

夫は普段使っている言葉だから、まったく問題ないと思って冗談で言ったつもりでした。

帰ってきて夫は神妙な顔で相談してきました。

「ミリャンさ、〝イゲ、ジュグラゴ〟は普通、使わない言葉なの？」

「え？　何で？」

「Hさんに言ったらびっくりしてたから」

「ええ？　彼女あんたより年上じゃなかったっけ？」

「そうだけど。年上に言っちゃだめなの？」

「あのさ、それ仲いい人にだけ言えるんだよ。たとえば妹とか」

「ええ？　そうなの？　前、普通に使うって言ったじゃん」

ちなみに「イゲ、ジュグラゴ」を直訳すると「このやろう、殺されたいのか？」になります。意訳というか、ニュアンス的には「ふざけるな」になりますが……。

たぶん、今これを読んでいる方は、そんな言葉を夫に日常的に使う私は頭がおかしいんじゃないかと思うかもしれません。

夫に「殺されたいか？」とは……。

「殺す」と書くとすごく怖いイメージですが、韓国語では「殺」にかかわる言葉が多いです。ジュグレ？（죽을래？）も直訳すると「殺されたい？」の意味ですが、韓国

では相手の言動、言葉遣《づか》いなどが気に食わないときに使います。もちろん、仲のいい間柄《あいだがら》の人にかぎって！

しかし、私も韓国では女友だちに一回も使ったことがありません。いや、仲のいい後輩に何回かは使った記憶があります。韓国の男たちはよくこんな言葉を口にします。私もたまに弟から聞くし、私も弟には言います。

ここで断言しておきますが、私はけっして言葉遣いが荒いほうではありません。むしろ、周りの評価ではすごく穏やかな言葉を使う人です。日本人の友だちで韓国語が達者な人も、周りの韓国人とくらべてきれいな言葉を使うと言ってくれました。

話をもとに戻すと、つまり「イゲ、ジュグラゴ」は日常で使ってもすごくおかしい言葉ではありませんが、使う相手は選ぶ言葉ということです。

私の悪い癖

しかし、夫はそれが不満だったようです。

「じゃあ、なんで僕にはそんなこと言うわけ？」

「ええ？　それはあんたと私は仲のいい夫婦だから」

我ながらしょぼい言い訳です。

「でも、僕はHさんとまぁまぁ仲いいけど、使っちゃだめな言葉なんでしょう？」

「だからといってHさんと二人だけで飲みに行ったりするほどか？」

「いや、そうでもないけど……」

「だから使ってはいけないのよ。わかった？」

十分説明をしたつもりでしたが、夫の不満は拭《ぬぐ》いきれないようでした。

無理もありません。

夫にしてみれば、人に言ったらびっくりするような言葉を毎日自分に言うなんて
「どういうこと！」ということでしょう。

　ここでちょっと弁明をさせてもらいますと、夫に不満があるとついつい韓国語が出てきてしまいます。そこで使ってしまう言葉が、まさに韓国の弟や妹と話すときに使うものなのです。日本語がいくら堪能《たんのう》でも、頭にきちゃうと考えることなく口から韓国語がぽろっと出ます。それが私の悪い癖です。夫は夫ですが、私にとって日本での唯一の家族です。

　いや、姑さんもいるし、夫のお姉さんも、お姉さんのだんなさんもいるから、おか

しいですね……。

素直にごめんなさい、これからいい言葉を使いますと言えばすむ話ですが……。

まあ、夫婦だからこそ気を使わずに、つい口に出してしまうのです。

最初はこういう言葉の意味をぜんぜん理解していない夫でしたが、不満の言葉を発していることをだんだん表情で察し始め、自分で調べて悪口ばかり覚えるようになりました。

そして言いたいときに間違いなく言えるようにもなりました。もちろん悪口だけではなく、どこに行きたいとか、何をするとか、ちょこっとだけですが話せる言葉が徐々に増えました。ただ、私が日本に来たころにちょうど生まれた友だちの子どもよりも、そのペースははるかに遅いのです。

こんなことがあってからは「Hさんに使っていい言葉か使ってはいけない言葉か」を教えることになりました。韓国のアクションやミステリー映画を観るとほんとうに悪口というか汚い言葉が散乱するので、必ず教えないといけません。

また、自分の知らない言葉を私が言うと意味を聞くこともあります。そのとき、私

が教えないと「Hさんに意味を聞く」と脅迫するようになりました。私としては、迂《う》闊《かつ》に文句が言えなくなって困ったものです。

激しい韓国語

そう考えるとなんだか韓国語のほうが日本語より激しい言葉が多い気がします。

韓国語には殺すとか、いろいろと悪口というか汚い言葉が多くあります。韓国の映画を見ると、アクションものが多く、ヤクザみたいな人が常に汚い言葉をよく吐きます。その言葉のほとんどが〝絶対に他人に言ってはいけない〟言葉です。たぶん、そんな映画を翻訳する人は続々と登場するそういった言葉をどう日本語に変えればいいか頭を悩ませるのではないでしょうか？

さまざまな人が見るテレビドラマでは汚い言葉を使うとテレビ局は懲罰《ちょうばつ》を避けられませんし、視聴者から抗議の電話が殺到《さっとう》します。しかし、映画は好き放題《ほうだい》に使えるから、韓国ではドラマはホームドラマが多く、映画は残酷なものが多いです。

この騒動でよくわかったのは、どの言語を勉強しても汚い言葉を先に覚えてしまう

だから言わなければいいんだよ。

人間の心理です。夫は私の影響を受けましたが、他の人はどうでしょう。ネットなどで調べてみると、英語圏で英語を勉強する人も先に汚い言葉を覚えることが多いそうです。そして、覚えた他の単語は忘れても、悪口だけは記憶しているらしいから不思議です。

「これからはちょっと気をつけよう」

そう思ってある日、夫が仕事から帰ってきたときに丁寧な言葉を使いました。

「ご主人様、今日の仕事は大変でしたか？」

すると、夫の表情がまるでグロテスクな映画でも見たかのように変わりました。

「何なの？　気持ち悪い！」

きれいな言葉を使っても不満な夫でした。

「これでも不満なのかよ？」

「そうじゃなくて、あんたが中間ってものを知らないからだよ」

……いつものことながら喧嘩の絶えないわが家です。

その2

私たちは美男・美女

ハンサムな夫

私の中での夫のあだ名は「イェプニ（예쁜이）」です。

イェプニはかわいい子という韓国語です。

本当にうちの夫の顔はすごくきれいです。鼻は高いし、唇も赤くて健康そうです。それに眉毛《まゆげ》も濃いです。

しかし、それを認めてくれる人が日本にはいません。

日本に来て四年。「うちの夫が一番かわいいよ」と主張し続ける私に、日本人の友だちは、みんな吹き出すかのように大爆笑します。私としてはまったく理解ができません。そんな照れくさい言葉を平然と言う私に呆れているということもありますが、みんなは夫を美男子だと思っていないようです。あまりにもはしゃぐ私の前でしかたなく投げた言葉がこれです。

「まあ、唇はかわいいね」

不思議なことに韓国に行くとこの現象は逆転します。

韓国の母と妹はイケメンが大好きです。二人は夫に一目ぼれしました。

「本当にハンサムね。歯並びもいいわ」

娘にイケメンと結婚してほしかった母はすぐさま結婚を認めてくれました。妹もそれに賛同し、ハンサムだとすごくびっくりしていました。

これは家族だからではありません。私のベストフレンドも夫に会った日、こう言いました。

「眼鏡をはずしたらよりハンサムに見える」

夫はたぶん、韓国に生まれていたらすごくモテ男になれたと思います。男性の美しさなんかあまり気にしないうちの父もすごく顔がいいと一目ぼれしちゃったくらいです。なのに、残念ながら日本に生まれてモテ男にはなれませんでした。

「韓国で生まれたらタレントさんになれたかもしれない」

この言葉を言うとみんな笑います。すると、恥ずかしくなった夫は私を横目でにらみます。

「ミリャン、もうやめて～!」

なんだかとてもくすぐったい。

今回ばかりは韓国に生まれたかった……。

私の目が愛でかすんでいるというかもしれません。しかし、世界でもっとも大切な人ではあるのですが、それだけでハンサムというほど盲目にはなっていません。たまに不《ぶ》細《さい》工《く》に見えるときだってあります。

私もそうです。韓国では美人さんだと言われましたが、日本に来て一回も「美人」と言われたことがありません。夫は私が太って、しかも服装もめちゃくちゃだからだと言いますけど、顔だけ見ると私は美人にちがいありません。

二重、高い鼻、厚い唇。なのに、私の魅力を認めてくれる人が一人もいません。挙《あげ》句《く》、友だちに「色気が一〇〇パーセントない」とまで言われました。

悔しいったらありゃしないです。

ちなみに、韓国人の女の子は自分を美人だと言う子が多いです。夫の会社にいる韓国人女性二人も自分を「かわいい」と言うらしいです。もちろん、みんなきれいでありたいと思って使う言葉です。

「韓国人女性はなんでいつも自分がきれいだと言うの？」と聞く友だちに「だって、私、きれいじゃん」と返すと呆れられてしまいます。謙遜《けんそん》しないということがその理由です。他人がきれいだといつも言ってくれるわけでもないし、自分が好きできれい

だということは悪いことではないと私は思います。自分を愛さなくてはいけません。

美人の違い

こういう経緯で、ずっと日本の「美」の定義に疑問を持っていた私でしたが、違いを理解したきっかけがありました。キム・テヒという韓国の女優さんが日本のテレビに出たことです。

日本では毎年、Jリーグに所属するサッカー選手の名鑑が発売されます。その中に選手への質問コーナーがありますが、芸能人の中で誰が一番好きかという質問が定番です。

最近円高の影響もあって、韓国人選手の多くがJリーグに所属するようになり、名鑑にも当然ながら韓国人選手がいっぱい出てきます。そんな韓国人選手たちが答える好きな芸能人の筆頭《ひっとう》、その名はキム・テヒです。

キム・テヒのことを知らない人のために説明すると、二〇一一年にフジテレビのドラマ「スターと私の九九日」に出演した韓国人の女優さんです。「天国の階段」でジウ姫（チェ・ジウ）と共演したこともある、韓国の大スターです。彼女は誰もが否定

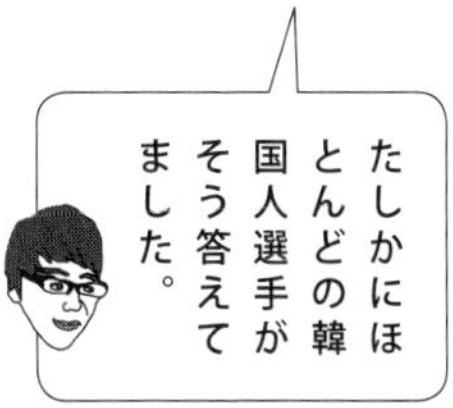
たしかにほ
とんどの韓
国人選手が
そう答えて
ました。

できない美貌《びぼう》の持ち主で、寿司にたとえると特上のなかの特上になります。

そんな彼女は日本ではあまり人気がないらしいです。日本人男性の心をつかんでいないのです。

キム・テヒが出るたびに「きれいでしょう!!」と叫ぶ私に夫はこう言いました。

「美人だとは思うけど、興味ないね」

夫の話を聞くと目がぱっちりで鼻が高い典型的な美人さんにはあまり興味がないらしいのです。理由は典型的で面白くないからです。

日本の芸能ニュースを見ていると、「ええ？　たいしてかわいくもないのになんで人気なの？」という女優が急に人気を得たりします。それに昔の人気絶好調だったアイドルの映像を見ると、日本の美人の定義がもっとわからなくなります。

「あれがかわいいか？」

「あれが美人か？」

などという疑問がずっと頭に浮かんできます。

しかし、夫は必ずこう言います。

「え？　かわいいじゃん」

実は男性の好みも一般の日本人女性と私とは違います。

私はじゃっかんムキムキ系が好きで、きれいな筋肉に目がありません。もちろん、ボディービルダーみたいな筋肉は……ですが。また、自分が大柄なためか、あまりにも細い男を見ると違和感を覚えます。見てすぐ「私より細い」と判断できる男には近寄れません。しかし、私がちょうどいいと思う筋肉は日本人女性にとっては「Too Much」のようです。

サッカーを見るのもぴったりしたユニフォームを着て男らしさを前面に出して走る男たちの戦いが楽しいからです。ユニフォームがぴったりじゃないチームには野次《やじ》を飛ばすときだってあります。国際試合を見るとユニフォームを交換するためにシャツを脱ぐ選手がいますが、そのとき生の筋肉ではなくインナーシャツが出てくるとがっかりした気持ちを隠すことができません。

なんだか、だんだん変態《へんたい》みたいな発言になってきたので、自粛《じしゅく》します。

弥生顔と縄文顔

夫にというか、日本で人気がある女優さんの顔を思い出してみると、ひとつの結論に至りました。

日本人が好む顔は私の目には印象が薄いです。

「なんかね、みんな顔がはっきりしないね」

「日本人は薄い顔が好きな人が多いんじゃないかな。そりゃ、人によって差はあるけど」

「そうか、そうか」

なんだか、合点《がてん》がいきました。

だから、私がいう美人は美人だけど、面白みもないし、好みでもないのです。

日本では薄い顔が人気なのです。

「そういう顔の違いを、弥生《やよい》顔とか縄文《じょうもん》顔というんだ」

「ええ？　そういうのがあるのね」

はじめて聞いた話なので、興味津々《しんしん》でした。ネットで調べてみると、南方系は縄文顔で北方系が弥生顔でした。ひとつ勉強になりました。

「ああ、あんたは韓国で生まれたらすごくモテたのに残念ね。きっと美男・美女カップルだと周りから言われただろうに」

「ええ？　あんたはトゥントゥンへ（뚱뚱해：太い）だから、美女になれないでしょう。それに寝巻きで出歩いちゃ、誰も美人って言わないよ」

「コンビニぐらい、寝巻きで行っても別に問題ないでしょう。そこまで気にするのがおかしいよ」

「コンビニだけですめば問題にならないんだけどね……」

「ちぇ……」

夫の口撃《こうげき》には隙《すき》がありません。


しかし、ここで引いては女が廃《すた》ります！

「今は太って合う服がないのだ。やせてちょっと身の回りを整えたら、きっとみんな私の美しさに目覚めるはずだよ」

「そうかな、外見だけじゃなくて性格も問題だと思うけど……」

しょうゆ顔とかソース顔とか言うこともありますよね。

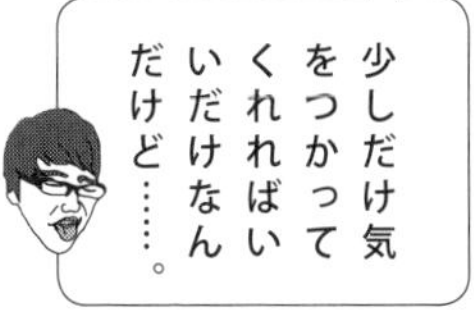
少しだけ気をつかってくれればいいだけなんだけど……。

「何？」

こうしてわが家には今日も喧嘩の嵐が吹き荒れます。

でも、私が美人だと認められなくてもいいのです。ハンサムな夫をハンサムだとみんなが認めてくれなくてもいいのです。

だって私の目には、私たちはたしかに美男・美女なのですから。

あとがき

何かを書くことにあこがれ始めたのは、たぶん私が高校生のときだったと思います。すごく素敵な先輩がリーダーだった文芸部。部活をするつもりがなかった私でしたが、その先輩に惹《ひ》かれて文芸部への入部を申請することにしたのです。しかし、その先輩があまりにも素敵だったせいか、競争率はとても高いものでした。悶々《もんもん》と結果を待っていたある日、私が合格したという知らせが来ました。とてもうれしかったです。

それとは裏腹に私の前に待ち構えていたのは酷評《こくひょう》でした。部で文集を発表するために書いた作文がみっともないと先輩たちに怒られたのです。先輩たちは「表現力がないよ。花を見て、きれい、としか書けていないじゃない」と言い、いい本を薦《すす》めてくれました。まあ、文芸書は読まず、ずっとハーレクインロマンスと漫画ばかり読んでいましたし、作文を書いたこともなかったので、正直、高い競争率を突破して部員になったことが奇跡に近いことでした。しかも、私は国語の成績もとても悪かったのです……。

このとき、薦めてもらった本がパトリック・ジュースキントの『ゾマーさんのこと』でした。読んだのはいいものの、まったく理解ができませんでした。それから作文を出せなくて怒られた私は、結局、部をやめることにしました。情けない思い出です。

そんな私にも大学を卒業する頃に英語の嵐が吹き荒れて留学を決心しました。学生時代にはあれだけいやだった英語が、勉強すればするほど楽しくなりました。そして偶然勉強し始めた日本語もとても楽しかったのです。

「ひょっとして語学に才能があるかもしれない」

この思いはがんばりの原動力になりました。しかし、いくら勉強しても役立てる道がありませんでした。

「どうしよう。翻訳でもできればいいのに」

そうです。たやすく思いついたのが翻訳でした。なんとなく思いついた翻訳ができるように、主に小説ですが、本をいっぱい読みました。韓国の作家から海外の作家まで、翻訳に役に立つと思い、とくに日本の作家の本を多く読みました。

私が翻訳に惹《ひ》かれた理由は「何かを表現する人になりたい」という思いがあったからだと思います。

「一から書くのが難しいのであれば、作ってあるものを自分の解釈で新しく誕生させる」

　こんな思いがあったからではないでしょうか。

　そんな思いを胸に日本に来て夫に出会い、結婚もできて翻訳もできるようになりました。

　もらったお金は微々《びび》たるものでしたが、自分の名前が記された本を手にすると感無量でした。がんばれば道は開けると信じてよかった、と思った瞬間でした。

　そしてもうひとつ、「せっかく日本に住み始めたのだから、日本に韓国の文化を紹介しよう」という考えを実現させるために、二年間構想してやっとこさ企画書を書き、さまざまな出版社に送りました。

　その一社がミシマ社だったのです。

　すごく面白い出版社があるという義姉《おねえ》さんの話がきっかけで企画書を送ってみたものの、ほかの出版社同様、まったく連絡がありませんでした。痺《しび》れを切らせた私は行動に出ました。

直接電話をしたのです。

「ああ、企画書を送った方ですか？　一度会って話しませんか？」

突っ放されても次のために折れずに絶対がんばるんだという覚悟の気持ちを持って電話をしたのですが、意外と温かい声でアポを取ってくれました。

約束の日、自由が丘のミシマ社に行ったときはびっくりしました。一軒家を丸ごと事務所として使うなんて、本当に面白いなと思いました。

初対面の三島さんは発表した作品もないし、日本人でもない私にウェブ雑誌「ミシマガジン」での連載を提案してくれました。まずは様子を見ようということでした。当たり前です。どこまで文章が書けるのかわからない人の本を、いきなり出版することはできません。その提案を聞いてちょっと悩みましたが、いいチャンスだと思って連載を始めました。

それが今に至り、こうやって本になったのです。

ミシマ社と出会ってから私は韓国の良い本を日本に、日本の良い本を韓国に紹介するために毎日本を読んで企画書を書きながら連載を続けています。

韓国人の私が日本人の夫と出会い、自分の話を母国語でもない日本語で書いて顔も見えない読者の方たちと出会うことができる。こんなにすばらしいことってない！　私はそう思っています。

これから叶《かな》えたいことは、韓国に興味を持って理解してほしい、ということです。そのためには……。

「また先走って」と夫にたしなめられましたが、私の妄想は止まりません。この本が二巻、三巻と続き、はてはドラマ化、映画化なんてことに！　ちなみに、ドラマ化と映画化に向けたキャスティングは自分の中でもう決まっています。果たしてそれが現実となるか。それは実写化したときに確認してください（笑）。

それまでは、夫が逃走しないようにがんばらないと……。

◆感謝です！

三島邦弘さん、星野友里さん、ミシマ社ファミリー

高木京子さんと睦夫さん、田栗良子さん、栗田将さん、大力和士さん、サッカー観戦仲間たち

조영석、이명숙、조찬영、조성애、이현아、양은주、정혜선

そして、最高にかわいくて私の言うことをよく聞く、私の最愛の夫、高木裕士

二〇一二年九月

趙美良

初出　本書は、「平日開店ミシマガジン」（http://www.mishimaga.com/）に連載中の
「わが家の闘争　韓国人ミリャンの嫁入り」（第1回～第35回）を再構成し、大幅に加筆したもの
です。

写真　著者

著者略歴
趙美良《ちょう・みりゃん》
一九七九年韓国ソウル生まれ。翻訳家。
ソウルで大学を卒業し、カナダと日本で語学を学ぶ。
四年前に出会った日本人男性に、つきあって三カ月で逆プロポーズし、結婚。
現在は昔からの夢だった翻訳をしながら、
がんばって日本の文化になじもうと鋭意努力の日々。
もっとも近い外国同士でありながら、
思いのほか違う日本と韓国の文化を紹介すべく、
ミシマ社のウェブ雑誌「平日開店ミシマガジン」に
「わが家の闘争　韓国人ミリャンの嫁入り」を連載中。

わが家の闘争

韓国人ミリャンの嫁入り

二〇一二年十月一日　初版第一刷発行

著者　趙美良
発行者　三島邦弘
発行所　（株）ミシマ社
郵便番号一五二-〇〇三五
東京都目黒区自由が丘二-六-一三
電話〇三（三七二四）五六一六
FAX　〇三（三七二四）五六一八
e-mail hatena@mishimasha.com
URL http://www.mishimasha.com/
振替〇〇一六〇-一-三七二九七六
装画・挿画　高橋真理乃
ブックデザイン　鈴木成一デザイン室
印刷・製本　（株）シナノ
組版　（有）エヴリ・シンク

©2012 Miryang Cho Printed in JAPAN
本書の無断複写・複製・転載を禁じます。
ISBN: 978-4-903908-38-0